Freie Universität Berlin

Skript zur Vorlesung "Kapitalmarkttheorie"

Univ.–Prof. Dr. Dr. Andreas Löffler

letzte Aktualisierung vom 9. August 2024

Weitere Informationen zur Veranstaltung finden Sie in Blackboard.

Bibliografische Information der Deutschen Nationalbibliothek: Die Deutsche Nationalbibliothek verzeichnet diese Publikation in der Deutschen Nationalbibliografie; detaillierte bibliografische Daten sind im Internet über dnb.dnb.de abrufbar.

© 2024 Andreas Löffler
Verlag: BoD • Books on Demand GmbH, In de Tarpen 42, 22848 Norderstedt
Druck: Libri Plureos GmbH, Friedensallee 273, 22763 Hamburg

ISBN: 978-3-7597-3020-6

INHALTSVERZEICHNIS

1 VORBEREITUNGEN   1
   1.1 Eine Motivation 1
   1.2 Wozu formale Modelle? 2
   1.3 Zwei unterschiedliche Finanzmarktmodelle: Zustände oder Basiswertpapiere 6

2 EIN ERSTER BLICK AUF GLEICHGEWICHTE   13
   2.1 Gleichgewicht: Weshalb hat etwas einen Preis? 13
   2.2 Gleichgewicht: Ein Experiment 16
   2.3 Gleichgewicht: Das Modell mit μ-σ-Nutzen 19
   2.4 Gleichgewicht: Das Modell mit Erwartungsnutzen 21

3 ALLGEMEINE GLEICHGEWICHTSTHEORIE   26
   3.1 Definition eines Allgemeinen Gleichgewichtes 26
   3.2 Pareto-Effizienz und die Wohlfahrtssätze 28
   3.3 Existenz, Eindeutigkeit und das Ende der Allgemeinen Gleichgewichtstheorie 30

4 μ-σ GLEICHGEWICHT (CAPM)   32
   4.1 Arbitragfreiheit und Preisportfolio 32
   4.2 Wertpapiermarktlinie 35
   4.3 Empirische Tests der Wertpapiermarktlinie (Fama-French) 41
   4.4 Definition CAPM, Tobin-Separation und Wertpapiermarktlinie erneut 45

5 ERWARTUNGSNUTZENGLEICHGEWICHT UND LUCAS MODELL   50
   5.1 Heterogenität und repräsentativer Investor 50
   5.2 Anwendung: Das Lucas Modell 53

6 INFORMATIONSGLEICHGEWICHTE   62
   6.1 Der Begriff der Information 62
   6.2 Vollständige Märkte, Arbitragegelegenheiten und infinite Bets 68
   6.3 Public Information 70
   6.4 Private Information 76
   6.5 Wohlfahrtsanalyse: Werden sich Investoren freiwillig informieren? . . 80

1 VORBEREITUNGEN

1.1 EINE MOTIVATION

Wir untersuchen in dieser Vorlesung Kapitalmärkte der Neuzeit. Lange Zeit (bis etwa Anfang des 20. Jahrhundert) wurde der Handel an Kapitalmärkten eher mit einem Glücksspiel verglichen; Gewinne waren weniger der systematischen Informationsbeschaffung und strategischem Handel als eher dem Zufall geschuldet. Diese Ansicht hat sich durch Arbeiten mehrerer (vor allem amerikanischer) Ökonomen geändert: Inzwischen weiß man, dass Kapitalmärkte bestimmte Gesetzmäßigkeiten aufweisen. Diese Gesetzmäßigkeiten wollen wir untersuchen.

Wir wollen zur Motivation eine für die Kapitalmarkttheorie typische Fragestellung vorstellen. Dazu schauen wir auf einen Index und wir verwenden der Einfachheit halber den S&P 500, von dem genügend Daten vorliegen. In der Abbildung 1 sehen Sie insgesamt drei Linien.

Aktienkurs Sie finden die jährliche Veränderung des Aktienkurses (inklusive der Dividenden), hier des S&P 500.

Dividende Ebenso sehen Sie die Dividende, die die Aktien dieses Index jährlich ausgeschüttet haben.

Risikoloser Zins Zuletzt können Sie die sichere Rendite der US-amerikanischen Staatsanleihen erkennen.

Anhand der Abbildung kann man mehrere Tatsachen identifizieren, die sich über viele verschiedene Zeiträume und viele andere Indizes wieder und wieder bewahrheitet haben:

1. Aktienkurse schwanken stark.[1]

2. Dividenden schwanken sehr wenig.[2]

3. Der Abstand zwischen den (unsicheren) Aktienrenditen und den (sicheren) Renditen beträgt im Durchschnitt etwa 5-6% jährlich.

Unser Ziel wird es sein, Beobachtungen wie diese in der Veranstaltung zu verstehen und zu erklären.

---

1. In der Grafik wird nicht der absoluten Aktienkurs, sondern die Aktienrendite gezeigt, damit ein Vergleich zum risikolosen Zinssatz möglich ist.
2. Sie finden in der Grafik die absoluten Werte für die Dividende. Die linke Achsenbezeichnung ist etwas ungenau, da Dividenden nicht in Prozent gemessen werden (in Prozent misst man oft die Dividendenrendite, die aber durch den schwankenden Preis beeinflusst wird).

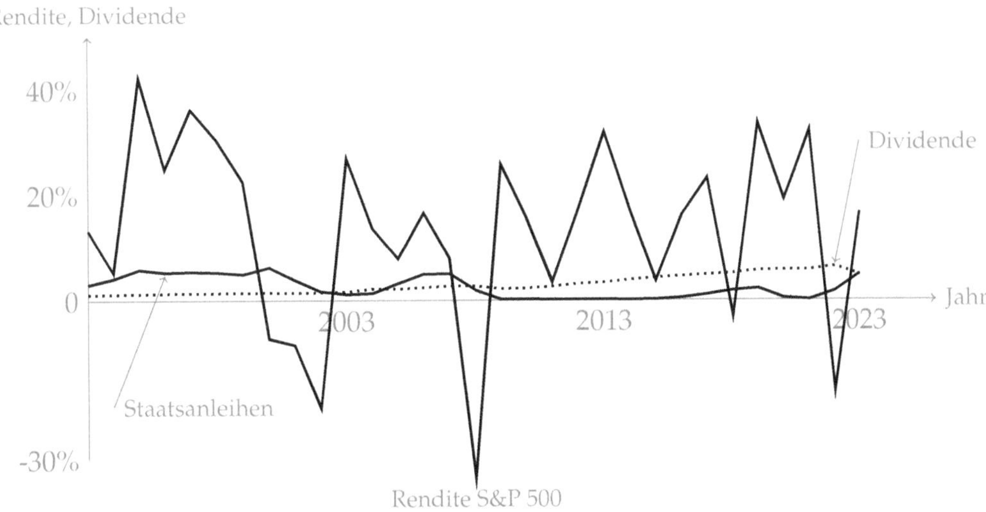

Abbildung 1: Aktienkurs und Dividende des "State Street SPY ETF S&P 500 ETF Trust", der den Index S&P 500 abbildet. Die Federal Funds Rate wurde von FRED als jährlicher Durchschnitt übernommen. Quelle: Yahoo finance (Daten 1993–2023).

So werden wir erklären können, wieso der Abstand zwischen riskanten und risikolosen Anlagemöglichkeiten in der Größenordnung von 5 bis 6% und nicht beispielsweise bei 0,01% oder bei 100% liegt. Das erfordert die Auseinandersetzung mit der Frage, wie Menschen unter Risiko entscheiden und welchen Preis sie bereit sind dafür zu zahlen, dass sie Risiken übernehmen.

Zum anderen interessiert uns, weshalb die Aktienkurse so stark schwanken, wenn sich doch die Dividenden so wenig verändern? Immerhin sind die Aktienkurse nach landläufiger Vorstellung doch dazu da, um "am Ende" Dividenden zu liefern – und dann passen sehr stabile Dividenden nicht zu stark schwankenden Aktienkursen. Welche Erklärung gibt es hierfür? Diese und vergleichbare Fragen bilden den roten Faden dieser Vorlesung.

1.2 WOZU FORMALE MODELLE?

Lernziel: Ökonomische Modelle sind immer unrealistisch.

Wirtschaftliche Entscheidungen sind komplex. So vermutet sicher jedermann, dass Aktien, die auf irgendeine Art riskanter sind als andere, eine höhere Rendite erzielen. Wer wissen will, wie hoch die Renditeunterschiede sind oder welche Aktien man in seinem Portfolio geschickterweise kombinieren soll, muss aber mehr als rein qualitative Aussagen treffen. Dazu benötigen wir formale Modelle, in denen wir von all dem abstrahieren, das keine oder nur geringe Effekte verursacht. Erst in solchen Modellen gelingt es, konkrete Vorhersagen zu tätigen und diese auch empirisch zu überprüfen.

Dazu wollen wir etwas ausführlicher auf die Frage eingehen, wann die Wissenschaftlerinnen eine Erklärung (ein Modell) als "erfolgreich" ansehen.[3] Wir beginnen dazu mit einem medizinischen Beispiel.

EIN MEDIZINISCHES BEISPIEL Stellen wir uns vor, es ist Winter, es hat ordentlich geschneit und Sie verlassen hektisch das Haus, weil Sie anderenfalls zu spät zu meiner Vorlesung kommen. Sie stürzen vor der Haustür, weil entgegen den Vorschriften des Berliner Straßenreinigungsgesetzes bei Ihnen nicht korrekt gekehrt wurde, dabei stützen Sie sich vergeblich mit dem rechten Arm ab, fallen dennoch hin – und nun schmerzt dieser Arm auf einmal, sobald Sie ihn leicht bewegen. Also gehen Sie zu einem Arzt und nicht in die Universität.

Jetzt werden wir mit einer merkwürdigen Situation konfrontiert. Was würden Sie denken, wenn der Arzt auf Ihre Frage, was denn mit dem Arm los sei, wie folgt antwortet:

"Wenn Ihr Arm schmerzt, kann das sehr viele Ursachen haben:

- Sie könnten eine Sehnenentzündung haben, weil Sie zu viel Sport getrieben haben.

- Armschmerzen können ein Zeichen für ausstrahlende Herzschmerzen sein, die beispielsweise von einem Herzinfarkt herrühren.

- Es ist auch denkbar, dass Sie ein Karzinom im Arm entwickelt haben, das jetzt metastasiert.

Alle drei Dinge sind denkbar."

Offensichtlich redet der Arzt Unsinn, denn es ist klar, dass Sie sich vermutlich einen der Knochen im Unterarm (möglicherweise den Speichenknochen, auch Radius genannt, oder den Ellenknochen, auch Ulna genannt) gebrochen haben. Wieso wissen Sie das?

Hierzu betrachten wir die Abbildung 2. Wir erkennen dort neben dem linken Foto des schmerzenden Armes in der mittleren Abbildung zwei stilisierte Unterarmknochen. Beim Sturz könnten beide oder einer der beiden Knochen beschädigt worden sein. So etwas prüft man, indem man den Unterarm röntgt. Ist er gebrochen, wird operiert.

Sie teilen dies dem Arzt mit, aber er bleibt merkwürdig. Er antwortet auf Ihre Kritik, Sie seien sich sicher Sie hätten eine Unterarmfraktur, mit mehreren "Gegenargumenten":

1. Auf dem Bild ist ein linker Arm zu sehen, bei Ihnen schmerzt der rechte.

---

3. Wer von Ihnen die Bachelor-Vorlesung "Investition und Finanzierung" besucht hat, dem wird der nachfolgende Text bekannt vorkommen.

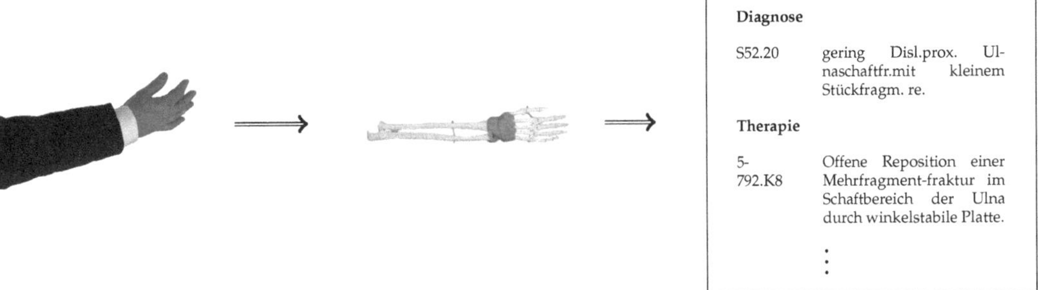

Problem: Dieser Arm tut weh, alles <u>sehr realistisch</u>.

Modell: <u>Unrealistisch</u>, aber das Wesentliche wird dargestellt.

Anwendung: Bericht einer erfolgreichen Operation der Ulnaschaft.

Abbildung 2: Unrealistische Modelle in der Medizin, die gerade deshalb sehr hilfreich sind.

2. Das ist der Arm eines Mannes, Sie sind eine Frau (oder anders herum).

3. Dieser Unterarm sei viel kleiner als der, den Sie haben. Das Bild passt in der Größe gar nicht.

4. Sie sind tätowiert, diese Tattoos fehlen beim Modell.

5. Ihr Ehering am Ringfinger ist vergessen worden.

6. ... (Sie glauben mir, dass ich diese Liste beliebig fortsetzen könnte)

Schauen wir uns an, warum diese "Gegenargumente" alle unsinnig sind. Und betrachten wir, welche Konsequenzen das für unsere Überlegungen hat.

Zuerst einmal hat unser Arzt offensichtlich nicht verstanden, dass er für die Antwort auf Ihre Frage abstrahieren muss. Will man "verstehen", was mit Ihrem Arm passiert ist, schaut man nicht zuerst direkt auf den Arm, sondern verschafft sich erst ein Bild der Gesamtsituation und hat gleichzeitig eine Vorstellung davon, womit man es zu tun hat. Dabei wird immer abstrahiert und das heißt nicht anderes als dass man Dinge weglässt. Das macht ein Arzt nicht, der Ihnen alle denkbaren Gründe für Armschmerzen aufzählt, ohne zu überlegen, was plausibel ist und was man im ersten Schritt erst einmal ausschließen sollte.

Für diejenigen unter Ihnen, die denken, dass ein solcher Unsinn in unseren ökonomischen Seminaren nie passiert, möchte ich zurufen: Leider weit gefehlt. Ich habe es sehr oft erlebt, dass bei Erklärungsversuchen für ökonomische Sachverhalte Studentinnen und Studenten mir alles mögliche, was ihnen gerade in den Sinn kam, aufzählten – so wie der Arzt oben. Teilweise wurde die Aufzählung dann mit den Worten beendet "Es gibt viele Gründe, warum (zum Beispiel) der durchschnittliche Marktzins immer größer als der risikolose Zins ist". Sicherlich ist das so, es gibt ja auch viele Gründe, warum Ihr Arm schmerzt. Aber der wichtigste und, um im Bild zu bleiben, der hervorstechende, ist doch der mögliche Bruch des Unterarmknochens?! Wer nur mit Floskeln wie "alles liegt an vielen Ursachen" arbeitet, erklärt am Ende gar nichts. Genau das wollen wir mit unseren ökonomischen Theorien vermeiden.[4]

Wir können aber noch mehr aus diesem Beispiel lernen. Wenn man auf das Bild des Unterarmes schaut, so handelt es sich um ein *Modell*. Ein Modell bildet die Realität ab, in diesem Fall die eines typischen Unterarmes. Es sind genau die Dinge, die der merkwürdige Arzt mit seinen "Gegenargumenten" nicht verstehen will:

- Linker und rechter Arm sind symmetrisch, also genügt es, sich einen anzuschauen. Man benötigt nicht beide.

- Was den Knochenbau der Unterarme angeht, unterscheiden sich Männer und Frauen nicht. Also muss man das Geschlecht an dieser Stelle nicht betrachten und kann davon abstrahieren.

- Unterarmknochen sind skaliert; kleine Menschen haben entsprechend kleinere Knochen. Es genügt, sich eine typische Größe herauszupicken und weiß dann, wie der Unterarm funktioniert.

- Wie die Haut, die Haare und Ihre Augenfarbe aussehen, spielt für den Unterarmknochen keine Rolle. Das gilt auch für mögliche Ringe, die Sie an den Fingern tragen (sofern Sie es nicht massiv übertreiben).

Für die Frage, was beim Sturz mit dem Arm passiert ist, genügt es, sich eines einfachen Modells eines Unterarms zu bedienen – so wie das, was Sie oben sehen. Das Modell ist abstrakt, lässt vieles weg und kann genau deshalb helfen, sich auf das wesentliche zu konzentrieren. Genau das wollen wir tun, um zu verstehen, was die Höhe des risikolosen Zinses beeinflusst.

Was lernen wir aus dem medizinischen Modell? Wir lernen etwas, was sich die eine oder andere in der Ökonomie stärker vor Augen führen sollte: Wir müssen abstrahieren und wir brauchen eine klare Idee, wo wir unsere Erklärung suchen. Genau so, wie der Arzt sich lächerlich macht mit seinen "Gegenargumenten", die alle am Kern des Problems vorbeizielen, müssen wir fokussieren. Wer die Höhe des risikolosen Zinses erklären will, soll zuerst einmal nicht auf die Details des Steuerrechts in dem betrachteten Land eingehen ("wie hoch sind Freibeträge bei Zinseinnahmen und spielt eine Rolle, ob man Rentner ist?"); man wird die Frage, ob das Land dicht bevölkert ist oder ob dort wenig Menschen auf der Fläche leben, ignorieren; wahrscheinlich wird auch die Verteilung des Vermögens in der Bevölkerung erst einmal nicht erklären können,

---

4. Ein Beispiel aus der Süddeutschen Zeitung soll das belegen: "Ein Verbraucher zum Beispiel lebt im Modell ewig, er ist bestens informiert und macht seinen Konsum über die Zeit von der Höhe der Zinsen abhängig. Mit dem tatsächlichen Verhalten der Menschen hat diese Vorstellung vom rational optimierenden Wirtschaftssubjekt nichts zu tun", Was ist bloß los mit der Ökonomie? vom 13. Oktober 2016 (online). Das ist richtig, aber das tatsächliche Verhalten aller Menschen (in Deutschland) soll auch gar nicht untersucht werden. Der Autor gibt sich wenigstens im selben Artikel die Mühe, diese Kritik etwas zu relativieren.

warum der risikolose Zins so hoch ist, wie er ist – und die Liste der Dinge, auf die wir nicht schauen, ließe sich fortsetzen.

Die Leistungsfähigkeit dieser Theorie leitet sich also *nicht* aus der Tatsache ab, dass diese Annahmen besonders realistisch sind. Gerade das Gegenteil ist der Fall: Würde man mit realistischen Annahmen beginnen, so müssten ja alle Umstände Erwähnung finden und man würde sich in endlosen Details verlieren – vermutlich zudem ohne ernsthafte Chancen, das gewünschte Ergebnis zu erhalten. In einer Theorie muss man vielmehr abstrahieren, Details ausblenden und sich auf das Wesentliche konzentrieren, vereinfachen. Die Stärke einer Theorie sind also nicht die realistischen Annahmen, die in ihr unterstellt werden – eine gute Theorie zeichnet sich vielmehr darin aus, dass sie in der Lage ist, die interessierenden Sachverhalte aus wenigen Annahmen herzuleiten. Und das ist etwas völlig anderes. Beachten Sie bitte diese Regel und verzichten Sie auf den typischen ersten Satz in jedem Würdigungskapitel, der da lautet

~~"Die Annahmen dieses Modells werden als zu unrealistisch kritisiert..."~~

Zweckmäßig gewählte Annahmen sind immer unrealistisch, wie auch das Modell eines Unterarmes unrealistisch ist. Nützlich ist es trotzdem.[5]

1.3 ZWEI UNTERSCHIEDLICHE FINANZMARKTMODELLE: ZUSTÄNDE ODER BASISWERTPAPIERE

> **Lernziel:** Wir beschreiben den grundlegenden Aufbau der von uns verwendeten formalen Modelle.

ZEITPUNKTE, GÜTER Das Verhalten von Konsumentinnen ist geprägt durch Entscheidungen unter Unsicherheit. Wenn wir diese Unsicherheit beschreiben wollen, müssen wir mehrere Ebenen beachten:

- Jeder hat die Wahl zwischen verschiedenen Gütern.

- Man kann auch entscheiden, *wann* man diese Güter konsumiert – man hat die Wahl des Zeitpunktes.

- Ist der Zeitpunkt zudem unsicher, muss man sich überlegen, in welchen Situationen man konsumieren möchte – man spricht von der Wahl des Zustandes.

Wer verschiedene Zustände und verschiedene Zeitpunkte *gleichzeitig* untersuchen will, sieht sich einem sehr komplexen mathematischen Apparat gegenüber. Deshalb

---

5. Diesen Gedanken hat als Erster Milton Friedman in seiner Arbeit "The Methodology of Positive Economics" (Essays In Positive Economics, Chicago: Univ. of Chicago Press, 1966, S. 3-16, 30-43) ausführlich dargelegt.

vereinfachen wir: Wir betrachten im Folgenden nur ein Gut – man spricht dann in einer solchen Situation genauer von einem <u>Finanz</u>markt oder <u>Kapital</u>markt. Das erleichtert die Dinge enorm.

Wir vereinbaren, dass an unseren Kapitalmärkten nur ein einziges Gut gehandelt werden kann. Wenn es sich dabei um Geld handelt, werden wir dies ausdrücklich hervorheben, in diesem Fall kann man auch einen Zinssatz definieren: Wie viel von dem Gut erhalte ich morgen zurück, wenn ich jemandem heute ein Gut borge?

Wir werden aber auch Kapitalmärkte untersuchen, bei denen zwar auch im ersten Zeitpunkt gehandelt werden kann, im zweiten Zeitpunkt aber der Konsum eines Gutes im Vordergrund steht. In einer solchen Situation kann es sein, dass der Begriff eines Zinssatzes keinen Sinn ergibt. Nicht immer also gibt es in unserem Modell Zinssätze.

Wenn im zweiten Zeitpunkt konsumiert wird, ist dennoch der Handel in der Periode vorher im Fokus unserer Überlegungen. Der Handel ist wichtig, weil er den Konsum eine Periode später finanziert. Der Kapitalmarkt ist in unseren Modellen Mittel zum Zweck des Konsums.

Typischerweise findet der Konsum unter Unsicherheit statt und die Menschen mithilfe des Marktes versuchen, eine für sie "bessere" Situation zu erreichen (wir werden weiter unten darauf eingehen, was "besser" heißt). Unsicherheit heißt dabei, dass es in dem Konsumzeitpunkt ($t = 1$) mehrere mögliche Zustände gibt, die eintreten können. Diese Zustände werden wir mit dem Kleinbuchstaben $s = 1, \ldots, S$ bezeichnen.[6]

WERTPAPIERE / ASSETS / TITEL / PORTFOLIOS   Wenn Menschen handeln, dann geschieht dies an Finanzmärkten mit Hilfe von Wertpapieren. Assets, Portfolios oder Titel sind Synonyme für Wertpapiere. Wir bezeichnen die handelbaren Wertpapiere mit Großbuchstaben X, Y, Z. Dabei treffen wir je nach Fragestellung auf zwei mögliche Darstellungen. Das hängt damit zusammen, wie die Unsicherheit im Konsumzeitpunkt abgebildet wird:

Zustände In diesen Modellen steht der eintretende Zustand im Vordergrund.

Ein Wertpapier X beschreibt, wie viel es von einem Gut in einem Zustand s verspricht. Für jedes s ist X_s eine Zahl,

$$
X = \begin{pmatrix} X_1 \\ X_2 \\ \vdots \\ X_S \end{pmatrix}
\begin{matrix} \longleftarrow & \text{Gütermenge im ersten Zustand} \\ \longleftarrow & \text{Gütermenge im zweiten Zustand} \\ \vdots & \vdots \\ \longleftarrow & \text{Gütermenge im } S\text{-ten Zustand} \end{matrix}
$$

---

6. Man wählt s, weil in der angelsächsischen Literatur Zustände als "states" bezeichnet werden.

Konsumiert werden üblicherweise nur nichtnegative Gütermengen, man kann aber negative Gütermengen handeln (man borgt sich dann Güter am Markt).

Das risikolose Wertpapier zahlt in jedem Zustand eins. Wir werden den Vektor auch durch eine fett gedruckte Eins darstellen,

$$\mathbf{1} := \begin{pmatrix} 1 \\ 1 \\ \vdots \\ 1 \end{pmatrix}.$$

Den Zinssatz, den der risikolose Titel erzielt, werden wir mit r_f bezeichnen.

Basiswertpapiere In diesen Modellen werden die Zustände ausgeblendet; es gibt sie, aber wir müssen nicht wissen, wie viele es sind und welche Zahlungen in den Zuständen erfolgen. Vielmehr steht die Bildung von Portfolios im Vordergrund.

Man unterstellt die Existenz gewisser "Basiswertpapiere" (die dann in Zuständen, die wir nicht explizit kennen müssen, Gütermengen versprechen). Diese Basiswertpapiere beschreiben wir mit den Symbolen $B^1, B^2 \ldots, B^N$. Wir werden gleich darauf eingehen, welche Informationen uns über die Basiswertpapiere zur Verfügung stehen müssen.

Ein Portfolio wird beschrieben durch die Anzahl X_n des n-ten Basiswertpapiers, das man hält:

$$X = \begin{pmatrix} X_1 \\ X_2 \\ \vdots \\ X_N \end{pmatrix} \quad \begin{matrix} \longleftarrow & \text{Menge erstes Wertpapier} \\ \longleftarrow & \text{Menge zweites Wertpapier} \\ \vdots & \\ \longleftarrow & \text{Menge } N\text{–tes Wertpapier} \end{matrix}$$

Ein negativer Eintrag bedeutet in unserem Modell, dass der Inhaber des Assets beispielsweise -3 Titel eines Basistitels besitzt. Diese Situation kann realistischerweise so verstanden werden, dass der Investor sich heute das Asset borgt, es am Markt sofort verkauft und einen Zeitpunkt später wieder zurückgeben muss. Einen solchen Vorgang bezeichnet man als Leerverkauf.

In unserer Darstellung ist B^1 das risikolose Wertpapier; wenn man es als Portfolio darstellen will, sieht es anders aus als der risikolose Titel im vorigen Abschnitt

$$B^1 = \begin{pmatrix} 1 \\ 0 \\ \vdots \\ 0 \end{pmatrix}.$$

Wir gehen davon aus, dass wir für jedes Basiswertpapier wissen, wie hoch der Erwartungswert der Zahlungen $E[B^n]$ sein wird.[7] Weiter nehmen wir an, dass auch die Kovarianzen zweier Basiswertpapiere $Cov[B^n,B^m]$ bekannt sind.

Diese Schreibweise übernehmen wir auch für die Portfolios von Basiswertpapieren. Der Erwartungswert der Zahlung des Portfolios X wird dann mit $E[X]$ bezeichnet.[8] Ebenso soll die Kovarianz zwischen den Zahlungen des Portfolios X und des Portfolios Z mit $Cov[X,Z]$ bezeichnet werden, um eine leichtere Lesbarkeit zu erreichen.

Transaktionen und Vektorraum Wertpapiere kann man handeln. Im vorigen Abschnitt haben wir durch unsere Schreibweise nahegelegt, dass Wertpapiere und Portfolios durch Vektoren reeller Zahlen beschrieben werden können. Dass das Modell eines Vektorraumes ideal geeignet ist, Transaktionen an Finanzmärkten zu beschreiben, zeigen wir jetzt. Dies gilt für die Zustandsdarstellung und die Darstellung mit Basiswertpapieren.

Man kann Portfolios zusammenlegen, vervielfachen und vergleichen. Jede dieser ökonomischen Transaktionen wird durch die entsprechende Operation im Vektorraum beschrieben.

$X + Y$ ist das Portfolio, bei dem X und Y zusammengelegt werden,

$a \cdot X$ ist das a-fache des Portfolios X (a kann negativ sein)

$X < Y$ ist gleichbedeutend damit, dass X in jedem Zustand s weniger als Y bezahlt bzw. dass das Portfolio X von jedem Basiswertpapier B^n weniger als Y enthält. Analog definiert man $X \leq Y$.

Portfolios sind also mathematisch Vektoren. Wir nehmen dabei an, dass alle denkbaren Portfolios/Vektoren gehandelt werden können. Mithin umfasst der zugrunde liegende Vektorraum die gesamten reellen Zahlen, oder $X, Y \in \mathbb{R}^S$ bzw. $X, Y \in \mathbb{R}^N$.

Wer nur auf die Darstellung mit Basiswertpapieren schaut, könnte mit den bisherigen Vektorraum-Elementen auch schreiben

$$X = \sum_{n=1}^{N} X_n B^n.$$

7. Wenn wir sogar wissen, wie viel die Basiswertpapiere in einzelnen Zuständen zahlen und wie hoch die Eintrittswahrscheinlichkeiten der Zustände sind, können wir die Erwartungswerte sehr leicht berechnen. Wenn die Zustände nicht bekannt sind, müssen uns diese Erwartungswerte mitgeteilt werden.

8. Das ist formal ungenau. Bei $E[X]$ handelt es sich ja um den Erwartungswert der Wertpapier*mengen*. Uns geht es aber um die Wertpapier*zahlungen*. Da wir in diesem Modell nirgendwo Erwartungswerte von Wertpapiermengen berechnen werden, belassen wir es bei dieser Ungenauigkeit.

Diese Darstellung besagt nur, dass das Portfolio X aus allen Basistiteln B^n gebildet wird, wobei vom n-ten Basistitel genau X_n Stück gekauft werden.

Wir kommen jetzt zu einer mathematischen Formulierung, die bei der Zustandsdarstellung anders gestaltet ist als bei den Basiswertpapieren. Auch hier steht eine ökonomische Überlegung dahinter. Es handelt sich dabei aber nicht um eine Transaktion/ein Vergleich wie diejenigen, die wir gerade diskutiert haben und die sich jeder unmittelbar vorstellen kann. Es sind eher etwas abstrakte Überlegungen aus der Theorie der Kapitalmärkte. Dazu müssen wir für die Darstellung des Finanzmarktes durch Basiswertpapieren einige Vorbereitungen treffen.

Wir werden annehmen, dass sich unter den riskanten Titeln nur so viele Assets wie unbedingt nötig befinden mögen. Wann ist ein Titel überflüssig? Wir haben in der Vorlesung *Entscheidungstheorie* auf folgenden Zusammenhang hingewiesen: Unter S Basistiteln sind keine Titel überflüssig genau dann, wenn die Kovarianz–Matrix

$$\text{Cov} := \begin{pmatrix} \text{Cov}[B^2,B^2] & \text{Cov}[B^2,B^3] & \cdots & \text{Cov}[B^2,B^S] \\ \text{Cov}[B^3,B^2] & \text{Cov}[B^3,B^3] & \cdots & \text{Cov}[B^3,B^S] \\ \vdots & \vdots & & \vdots \\ \text{Cov}[B^S,B^2] & \text{Cov}[B^S,B^3] & \cdots & \text{Cov}[B^S,B^S] \end{pmatrix}$$

eine von null verschiedene Determinante hat.[9]

Will man die Kovarianz zweier Portfolios X und Z bestimmen, so kann man sich dieser Kovarianzmatrix bedienen,

$$\text{Cov}[X,Y] = X \cdot \text{Cov} \cdot Y,$$

wobei es sich hier um das Produkt von zwei Vektoren (X und Y) mit einer Matrix (Cov) handelt.

NOCH EINE TECHNISCHE (UND AUFWENDIGE) ANMERKUNG   Nach diesen Vorbereitungen können wir auf die letzte uns noch fehlende Operation zwischen Portfolios eingehen. Wir wollen den "Erwartungswert des Produktes $X \cdot Y$ von Wertpapieren" ermitteln und diese Berechnung soll sowohl für die Zustandsdarstellung als auch die Basiswertpapiere möglich sein. Damit meinen wir folgendes.

Zustände In dem Modell, in dem die Zustände der Wertpapiere beschrieben werden,

---

9.   Wir geben diese Eigenschaft hier ohne weitere Intuition an. In der Vorlesung *Entscheidungstheorie* haben wir uns klargemacht, dass die Determinante rechnerisch eine lineare Abhängigkeit aufzeigt und dass man bei Vorliegen von linearer Abhängigkeit die Eigenschaften eines Titels bezüglich Erwartungswert und Kovarianzen mit den anderen nachbauen kann und er deshalb überflüssig ist.

verstehen wir unter einem Produkt der Assets X und Y folgendes,

$$X \cdot Y = \begin{pmatrix} X_1 \cdot Y_1 \\ X_2 \cdot Y_2 \\ \vdots \\ X_S \cdot Y_S \end{pmatrix} \tag{1}$$

Das neue Asset zahlt also in jedem Zustand s so viel wie das Produkt der Zahlungen aus dem Portfolio X und dem Portfolio Z. Der Erwartungswert dieser Zahlungen lautet dann (p_s ist die Wahrscheinlichkeit des Zustandes s)

$$E[X \cdot Y] = \sum_{s=1}^{S} p_s X_s Y_s.$$

Um nachvollziehen zu können, weshalb wir bei den Basiswertpapieren eine scheinbare andere Darstellung für $E[X \cdot Y]$ wählen, sind weitere Überlegungen nötig. Dazu formen wir den folgenden Ausdruck etwas um[10]

$$\begin{aligned}
\mathrm{Cov}[X,Y] &:= E\left[(X - E[X]) \cdot (Y - E[Y])\right] \\
&= \sum_{n=1}^{N} p_n (X_n - E[X]) \cdot (Y_n - E[Y]) \\
&= \sum_{n=1}^{N} p_n X_n \cdot Y_n - \sum_{n=1}^{N} X_n E[Y] - \sum_{n=1}^{N} p_n Y_n E[X] + \underbrace{\sum_{n=1}^{N} p_n}_{=:1} E[X]E[Y] \\
&= E[X \cdot Y] - 2 E[X]E[Y] + E[X]E[Y] \\
\mathrm{Cov}[X,Y] &= E[X \cdot Y] - E[X]E[Y]
\end{aligned}$$

Daher kann man $E[X \cdot Y]$ sowohl durch den Erwartungswert des Assets (1) als auch durch die Relation $\mathrm{Cov}[X,Y] + E[X]E[Y]$ beschreiben, beide Terme ergeben denselben Wert.

Basiswertpapiere Bei Basiswertpapieren ergibt eine Definition, die die Beziehung (1) verwendet, keinen Sinn. Man würde ein Portfolio beschreiben, das sich aus einer Menge Basiswertpapieren zusammensetzt, die sich aus Produkten zweier einzelner Wertpapiermengen ergeben. Es gibt keine ökonomische Transaktion oder Beobachtung, wo ein solches Objekt sinnvoll wäre – zumindest ist bisher keine bekannt.

---

10. Sie kennen diese Herleitung unter dem Namen "Zerlegungssatz" aus der Statistik. Wenn nicht, hilft Ihnen unser Mathematik-Skript auf den Webseiten weiter.

Statt dessen bedienen wir uns jetzt der Herleitung oben und legen fest, wie sich der Erwartungswert des Produktes bestimmt,

$$E[X \cdot Y] := \text{Cov}[X,Y] + E[X]\,E[Y]. \tag{2}$$

Die rechte Seite dieser Definition ist wohldefiniert und die Größen sind auch bekannt, denn das hatten wir beim Modell der Basiswertpapiere vorausgesetzt.

2 Ein erster Blick auf Gleichgewichte

2.1 Gleichgewicht: Weshalb hat etwas einen Preis?

> **Lernziel:** Preise und Gleichgewichte sind in der Ökonomie ein und dasselbe.

Dass Dinge und Dienstleistungen an Märkten gehandelt werden ist für uns inzwischen so alltäglich geworden, dass wir darüber nicht weiter nachdenken. Gerade deshalb wollen wir hier zuerst die Frage aufwerfen, wieso Dinge überhaupt Preise haben? Was kostet Geld und wann ist etwas kostenlos zu haben?

Die Neoklassik gibt auf diese Frage eine klare Antwort. Etwas (ein Objekt oder eine Dienstleistung) hat einen Preis, wenn die folgenden Bedingungen erfüllt sind:

1. Es gibt nur eine begrenzte Anzahl der Objekte, sie sind nicht unendlich oft verfügbar ("knappes Gut").

2. Es gibt Individuen, die das Objekt haben wollen, es also nachfragen ("nachgefragtes Gut").

3. Alle sind bereit, dieses Objekt gegen andere Objekte (mit denselben Eigenschaften wie 1. und 2.) zu tauschen ("Tauschökonomie").

   Insbesondere hat niemand Marktmacht und kann die Preise direkt beeinflussen.

Diese drei Bedingungen sind notwendig, damit Objekte Preise haben. Diese Sichtweise hat sich heute in den Wirtschaftswissenschaften durchgesetzt – das war aber keinesfalls immer so. Ricardo und Marx beispielsweise waren der Überzeugung, dass nur Dinge[11] Preise haben, wenn in ihnen menschliche Arbeit steckt. Davon ist hier nicht die Rede – ob Objekte durch menschliche Arbeit oder durch die Natur geschaffen werden, ist für ihre Werthaltigkeit irrelevant. Während also bei Marx die Produktion für den Preis eines Gutes eine wichtige Rolle spielt (die im Produkt steckende Arbeit bestimmt sich durch den Produktionsprozess), wird in der Neoklassik die unmittelbare Preisbildung vom Produktionsprozess abgekoppelt. Angebot und Nachfrage haben nur mittelbar (nämlich über die Höhe des Angebotes) etwas mit dem Produktionsprozess zu tun.[12]

Wenn nur einzelne der drei Bedingungen erfüllt werden, haben Dinge keinen Preis oder werden wertlos. Wir wollen einige Beispiele betrachten, um dies zu illustrieren.

---

11. Sowohl Ricardo als auch Marx haben nur sachliche Dinge betrachtet, es war damals nicht so wie heute üblich Dienstleistungen zu handeln.
12. Das ist auch einer der Gründe dafür, warum die Neoklassik kein Problem damit hat, dass sich die Preisentwicklung von Gütern wenig mit den Fundamentaldaten einer Wirtschaft (also den Produktionsmöglichkeiten der Güter) synchronisiert. Die Preise können steigen oder fallen, weit bevor in den Produktionsstätten erste Veränderungen eingetreten sind.

– Luft ist unendlich oft verfügbar. Deshalb kostet es nichts zu atmen. Das ändert sich beispielsweise wenn wir tauchen: Unter Wasser benötigt man Sauerstoff und der ist knapp. Deshalb kostet Sauerstoff beim Tauchen Geld.

– Ein weiteres Beispiel sind Ölgemälde berühmter Künstler. Jede Fälschung hat nur einen Bruchteil des Wertes. Warum? Weil ein Ölgemälde einmalig ist. Eine Fälschung soll genau so wie das Original aussehen und für die bloße Ansicht macht es keinen Unterschied, ob man das Original oder die Nachahmung betrachtet. Aber nur das Original ist knapp, Fälschungen sind es nicht. Deshalb haben Originale andere Preise als Fälschungen.

– Auch so genannte NFT[13] erfüllen die erste Eigenschaft, weil sie per Konstruktion nur einmal existieren. Sie waren Anfang der 2020er Jahre auch entsprechend nachgefragt; seit Mitte der 2020er Jahre sinkt die Nachfrage massiv und damit der Preis. Sie werden wertlos, weil die zweite Eigenschaft nicht mehr erfüllt ist.

– Wir können auch für die dritte Eigenschaft ein Beispiel angeben. Menschliche Organe sind knapp und zudem nachgefragt. Dennoch werden sie nicht gehandelt.[14] Wir sind nicht bereit, sie zu verkaufen oder zu kaufen. Deshalb gibt es keine Marktpreise für Nieren, Herzen oder Leber.

Man muss sich auch klarmachen, dass die dritte Bedingung starke Restriktionen auferlegt. Es wird verlangt, dass der Tausch von Gütern *ausschließlich* über den Marktmechanismus erfolgt. Es ist daher nicht gestattet, dass einzelne Investorinnen private Vereinbarungen treffen und untereinander Güter tauschen, ohne dabei zu prüfen, ob die getauschten Objekte jeweils gleiche Preise aufweisen. Eine reine Tauschökonomie kennt (erst einmal) keine staatlichen Transfers, keine Geschenke oder Zuwendungen ohne Gegenleistung und auch die Art und Weise, wie die Güter produziert werden, interessiert nicht.

Die Bedingung der Marktmacht spielt eine besondere Rolle, die wir in dieser Vorlesung nicht vertiefen werden. Wir gehen hier davon aus, dass alle Teilnehmer die Preise als gegeben annehmen. Wenn man dagegen meint, dass einer der Teilnehmer die Preise tatsächlich setzen oder einen starken Einfluss ausüben kann (beispielsweise, weil sie ein Monopol auf die Güter besitzt), wird man üblicherweise keine Tauschökonomie, sondern beispielsweise Cournot-Modell betrachten. Dieses Modell hat stark spieltheoretische Züge, wir gehen darauf in dieser Vorlesung nicht ein.

13. Non-fungible token; das sind Kryptowerte, die im Gegensatz zu Kryptowährungen einmalig und nicht teilbar sind.
14. Iran ist meines Wissens das einzige Land, das derzeit (Stand 2023) einen reinen Organhandel mit einigen Organen zulässt. Der Nobelpreisträger Alvin Roth hat sich intensiv mit der Frage auseinander gesetzt, wie man Märkte für Organe ersetzen kann, um Menschenleben zu retten.

Wir wollen unsere Überlegungen an einem einfachen Beispiel illustrieren. Dazu werden wir ein einfaches Modell genauer untersuchen, das die folgenden Eigenschaften besitzt.

Investoren Es wird wenige (uU nur zwei) Investoren geben, die miteinander tauschen wollen (3. Eigenschaft).

Zustände Es wird zwei verschiedene Zustände geben, über deren Eintreten ein Münzwurf entscheidet.

Erstausstattung Gehandelt werden Dinge, die knapp sind. Diese Dinge müssen dann bereits vorhanden sein – es geht in der Preistheorie um den Tausch, nicht aber die Produktion oder den Transport von Gütern. Die zu handelnden Objekte liegen bereits vor, aber sie gehören eventuell noch nicht der Person, die sie entsprechend wertschätzt.

Dies werden wir durch die Annahme abbilden, dass die nachgefragten Objekte (also die beiden Güter) als so genannte "Erstausstattung" bei den Investoren verfügbar sind. Je nachdem, welcher der beiden zukünftigen Zustände eintritt, werden die Investorinnen (ohne zu handeln) Güter vorfinden, die sie gegebenenfalls konsumieren können.

Handel zu Preisen Die Investorinnen könnten überlegen, untereinander Verträge am Markt vorbei zu schließen, um einen direkten Tausch zu anderen als den Marktkonditionen zu vereinbaren. Das werden wir ausschließen ("Tauschökonomie"). Wer etwas haben möchte, muss den dafür angesetzten Preis bezahlen, anders kann sie es nicht erwerben. Das gilt auch beim Verkauf.

Keine Marktmacht Jede Investorin nimmt die Preise als gegeben hat und glaubt nicht, sie beeinflussen zu können.

Nachfrage Zuletzt müssen wir uns klarmachen, wie wir beschreiben wollen, dass Menschen die hier genannten Objekte nachfragen. Hierzu bedienen wir uns den Erkenntnissen, die wir in der Vorlesung "Entscheidungstheorie" gelernt haben. Man kann menschliches Verhalten in bestimmten Situationen dadurch charakterisieren, als ob Menschen Funktionen maximieren würden: Menschliches Handeln sieht aus wie eine Funktionsmaximierung.[15]

---

15. An dieser Stelle wird gern eingewandt, dass ganz offensichtlich Menschen frei in ihren Entscheidungen sind und die Neoklassik ein zu einfaches Menschenbild unterstelle. Das ist falsch. Die Neoklassik will keinesfalls jede menschliche Entscheidung auf eine einfache mathematische Aufgabe reduzieren. Schaut man aber beispielsweise auf die gesamte Gesellschaft, so kann man nicht leugnen, dass höhere Kraftstoffpreise dazu führen, dass insgesamt weniger Auto gefahren wird – wenn auch nicht unbedingt bei jedem Einzelnen. Nichts anderes behauptet die Neoklassik.

Für diese Nachfragen ist auch charakteristisch, dass sie rein individuelle Entscheidungen darstellen. Jede Investorin wählt ihr optimales Portfolio, ohne auf ihren Nachbarn zu achten und zu überlegen, was er vielleicht haben möchte.

Markträumung Preise sind nun so beschaffen, dass die Märkte räumen, dass also Angebot und Nachfrage identisch sind.

Dabei müssen wir uns darüber im Klaren sein, was es genau bedeutet, dass die Preise im Tauschgleichgewicht die Märkte räumen. Preise und Gleichgewichte sind nicht zwei voneinander getrennte Konzepte, die durch bestimmte Prozesse aufeinander abgestimmt werden. Preise und Gleichgewichte sind vielmehr zwei Seiten ein und derselben Medaille. Es gibt keine Preise ohne Gleichgewicht und es gibt kein Gleichgewicht ohne Preise, genau so wie es zu jeder Vorderseite eines DIN A4 Blattes immer auch eine Rückseite gibt. Das heißt beispielsweise auch, dass es keinen Sinn ergibt eine Preistheorie für "Ungleichgewichte" zu entwickeln.[16] Ebensowenig wird untersucht, wie der Markt durch die Preise in ein Gleichgewicht gelangt; er ist es einfach.[17]

Wir haben alle Elemente zusammengetragen, mit denen in einem einfachen Gleichgewichtsmodell erklärt werden kann, wie sich ein Preis p bestimmt.

2.2 GLEICHGEWICHT: EIN EXPERIMENT

Lernziel: Wir bestimmen einen Preis experimentell.

Wir unterscheiden zwei nahe aufeinander folgende Zeitpunkte, die durch einen Münzwurf voneinander getrennt sind. In $t = 1$ gibt es damit die zwei möglichen Zustände "Wappen" oder "Zahl".

Wenn es nur zwei Zustände gibt, so genügt es, auch nur mit zwei Basistiteln zu handeln. Der erste Basistitel B^1 wird risikolos sein: Er verspricht immer eine Einheit

---

16. Eine solche Idee war früher durchaus verbreitet: "Da in der Realität in keinem einzigen Zeitpunkt ein Kapitalmarkt im Konkurrenzgleichgewicht vorhanden sein kann, sind die verwirklichten Zahlungen das Ergebnis von Markthandlungen zu Ungleichgewichtspreisen, von Marktunvollkommenheiten, von Ausprägungen jeweils einer aus der Vielzahl geplanter Zukunftslagen für jede Handlungsmöglichkeit, von Ungleichverteilungen des Wissens unter den Marktteilnehmern und schließlich von Ex-post-Überraschungen, die Marktteilnehmer nicht vorausgesehen haben..." (Dieter Schneider, Betriebswirtschaftslehre Band 4: Geschichte und Methoden der Wirtschaftswissenschaft, Oldenbourg Verlag 2001). In der Neoklassik gibt es keine Ungleichgewichtspreise. Jeder Preis ist ein Preis im Gleichgewicht, Schneider irrte.
17. An dieser Stelle wird gern das Bild bemüht, dass das Gleichgewicht durch eine geheimnisvolle unsichtbare Hand des Marktes entsteht. Angeblich gehe dieses Bild auf Adam Smith zurück. Wir wollen an dieser Stelle drauf hinweisen, dass das Wort in Smiths *Reichtum der Nationen* nur an einer einzigen Stelle auftaucht: "...by directing that industry in such a manner as its produce may be of the greatest value, he [der Kaufmann] intends only his own gain, and he is in this, as in many other cases, led by an invisible hand to promote an end which was no part of his intention."

eines Gutes. Der nächste Basistitel B^2 verspricht zwei Güter, wenn "Zahl" eintritt, sonst nichts

$$\underbrace{B^1}_{\text{rot}} = \begin{cases} \text{ein Gut} & \text{wenn Wappen,} \\ \text{ein Gut} & \text{wenn Zahl,} \end{cases} \qquad \underbrace{B^2}_{\text{blau}} = \begin{cases} \text{nichts} & \text{wenn Wappen,} \\ \text{zwei Güter} & \text{wenn Zahl.} \end{cases}.$$

In der Vorlesung hatten wir den ersten Basistitel mit roter Schrift gekennzeichnet, den zweiten mit blauer Schrift.

Beide Wertpapiere haben einen identischen Erwartungswert der Auszahlung (ein Gut). Der erste Titel ist risikolos, der zweite riskant.

Die Erstausstattungen sind so gewählt, dass nicht unbedingt jede Investorin damit zufrieden ist. Möglicherweise haben risikofreudigere Entscheider das risikolose bekommen, ebenso kann es sein, dass sehr risikoscheue Entscheider das zweite Wertpapier erhalten haben. Will jemand ihre Position optimieren, so muss sie eine Kombination aus B^1 und B^2 am Markt erwerben. Dieser Erwerb wird nur durch einen Tausch zu Marktpreisen möglich sein.

Die Investoren haben eine Erstausstattung an diesen beiden Basistiteln.[18] In unserem Beispiel werden insgesamt sechs Investorinnen handeln. Zwei von ihnen besitzen als Erstausstattung genau einen Titel B^1. Wenn nicht gehandelt werden kann, heißt das: Sie erhalten immer ein Gut, egal wie der Münzwurf ausgeht. Die andere Gruppe von Investorinnen dagegen hat als Erstausstattung genau einen Titel B^2. Wenn nicht gehandelt wird, so bedeutet das für sie: Im Fall "Zahl" erhalten sie zwei Güter, sonst erhalten sie nichts.

Wir wollen die Preise der Wertpapiere bestimmen. Da wir zwei Basistitel zur Verfügung haben, müsste er eigentlich zwei Preise benennen. Da wir jedoch nur auf die relativen Preise achten müssen (es kommt nur auf das *Preisverhältnis* beider Titel an), können wir einen der beiden Wertpapierpreise normieren und wählen dazu

$$p\left(B^1\right) = 1, \qquad p\left(B^2\right) = p$$

und werden nur p ermitteln. Dies wird so geschehen, dass wir einen Preis p raten und dann prüfen, ob wir ein Gleichgewicht gefunden haben – ob also Angebot und Nachfrage identisch sind.

Die Organisation dieses Spieles muss jemand übernehmen, der in der Fiktion der Theorie auch Walrasianischer Auktionator genannt wird. Allerdings ist das Bild etwas schief, weil die Tauschökonomie nicht einer Auktion entspricht. Vielmehr han-

---

18. Ein wesentlich komplizierteres, dafür aber realistischeres Beispiel läge vor, wenn wir unendlich viele Zustände hätten und als Basistiel die an der Frankfurter Börse gehandelten Titel auffassen würden. Die Erstausstattung eines Investors wäre dann der Besitz an Aktien, Derivaten und Bonds, den ein Investor im Startzeitpunkt $t = 0$ hält. Im schlimmsten Fall übrigens, in dem eine Investorin gar keine Basistitel besitzt, hätte sie eine Erstausstattung von Null.

delt es sich um Gedankenspiele um zu prüfen, ob die Nachfragen im Hörsaal dem Angebot an Wertpapieren entspricht. Wenn der Auktionator einen Preis ausruft und sich kein Gleichgewicht einstellt, muss er einen anderen Preis p wählen und erneut versuchen, ein Gleichgewicht zu finden. Der Auktionator hat einen Fehler begangen, was zuerst einmal für den Gleichgewichtspreis irrelevant ist. Diese Überlegungen finden so lange statt, bis Angebot und Nachfrage übereinstimmen.

Mit welchem Preis soll der Auktionator seine Preissuche beginnen? Da beide Titel identische Erwartungswerte haben und der erste risikolos, der zweite aber riskant ist, gehen wir von der Ungleichung $p < 1$ aus. Wir werden dem Auktionator raten beispielsweise mit $p = \frac{1}{2}$ zu starten, da wir zu wenig Informationen über das gesamte Geschehen zur Verfügung haben.

Jede Studentin wählt nun angesichts ihres Budgets diejenige Kombination aus B^1 und B^2, die sie für optimal hält. Die Gesamtheit dieser Nachfragen nennt man eine "Allokation".

Eine solche Allokation ist dann ein Gleichgewicht, wenn die Märkte räumen – wenn also jede Nachfrage auf ein Angebot trifft und umgekehrt. Unterstellen wir für einen Moment, dass alle sechs Investoren $(\frac{1}{2}, \frac{1}{2})$ als optimal empfunden haben. Führt $p = 1$ in dieser Situation zu einem Gleichgewicht? Da es sechs Investoren gibt, führt das zu einer Gesamtnachfrage von jeweils drei Titeln B^1 und drei Titeln B^2. Die Erstausstattungen an Basistiteln sind aber nicht gleichmäßig verteilt: Vielmehr gibt es *vier* Investorinnen, die den Titel B^1 und *zwei* Investorinnen, die den Titel B^2 als Erstausstattung besitzen. Der zweite Basistitel B^2 ist jetzt knapper als der erste Titel B^1 und dies spiegelt der Gleichgewichtspreis nicht wider.

Wir werden in der Vorlesung mit hoher Wahrscheinlichkeit mehrere Runden dieses Spiels spielen müssen, bis wir ein Gleichgewicht gefunden haben. Jede der Mitspielerinnen muss dabei darauf achten, die Annahmen des Modells einzuhalten. So hatten wir davon gesprochen, dass die Nachfragen jeder Investorin eine rein private Entscheidung darstellt. Wenn der Auktionator nun einen neuen Preis ausruft und wir nach den optimalen Portfolios gefragt werden, darf es daher für die eigene Nachfrage keine Rolle spielen, was die anderen bei diesem Preis jetzt tun werden und inwiefern einem das zum Vorteil gereichen kann – in der Gleichgewichtstheorie findet der Ausgleich von Angebot und Nachfrage einzig und allein durch den Preis, nicht aber durch direkte Interaktion der Marktteilnehmer statt.[19] Wir müssten daher streng genommen die Informationen, die uns zeigen dass wir noch kein Gleichgewicht gefunden haben und wie stark Angebot und Nachfrage auseinander liegen, vor den Investorinnen geheim halten, denn es ist kein Wissen, das sich in der Gleichgewichtstheorie irgendwie nutzen ließe. Aus didaktischen Gründen werden wir das nicht tun.

---

19. Das ist in der Spieltheorie anders. Dort kommunizieren die Akteure direkt miteinander und reagieren auch aufeinander.

Üblicherweise benötigt man drei bis vier Runden, bis man sich einem möglichen Gleichgewichtspreis hinreichend genug genähert hat. Aus Zeitgründen werden wir das Spiel dann mit dem erzielten Preis p abbrechen.

Wir wollen in den nächsten beiden Abschnitten erklären, welcher Gleichgewichtspreis sich aus theoretischen Überlegungen ergeben müsste.

2.3 GLEICHGEWICHT: DAS MODELL MIT μ-σ-NUTZEN

> **Lernziel:** Wir wollen den experimentell gefundenen Preis durch ein Modell erklären.

Wieder wollen wir das Gleichgewicht aus der Vorlesung berechnen. Dazu greifen wir auf den μ-σ-Nutzen zurück, der im CAPM eine wichtige Rolle spielt.

In der μ–σ–Theorie geht es darum zu beschreiben, wie Investoren ihr Vermögen zwischen verschiedenen Aktien am sinnvollsten aufteilt. Deshalb wird hier ausschließlich das Modell mit Basiswertpapieren verwendet.

Die Investorinnen besitzen jeweils Erstausstattungen, die wir nun mit dem Symbol $\overline{X^i}$ bezeichnen. Da im Moment die genaue Form der Erstausstattung noch nicht wichtig ist, genügt es, von einem Vermögen w^i zu sprechen. Wer den ersten Basistitel hält, besitzt $w^i = p(B^1) = 1$. Wer dagegen den zweiten Basistitel hält, besitzt ein Vermögen von $w^i = p(B^2) = p$.

Das optimale Portfolio einer Investorin i ist durch den Vektor $X^i = (X_1^i, X_2^i)$ gegeben. Mit X_1^i wird die optimale Menge risikolosen Basistitels B^1 und mit X_2^i die optimale Menge riskanten Basistitels B^2 beschrieben.

μ-σ-NUTZENFUNKTION   Wir betrachten nun einen Investor, der eine μ–σ–Nutzenfunktion besitzt und seinen Nutzen aus dem Vermögen w maximieren möchte. Dieser Investor löst das folgende Problem

$$U(X^i) = \mathrm{E}[X^i] - \frac{1}{2}\,\mathrm{Var}[X^i]. \tag{3}$$

Eine Nichtnegativitätsbedingung $X^i \geq 0$ finden wir hier nicht, weil X keine Gütermengen beschreibt. Vielmehr handelt es sich um Portfolios verschiedener Basistitel und da würde die Bedingung $X \geq 0$ einen Ausschluss von Leerverkäufen bedeuten. Leerverkäufe sollen aber in unserem Modell zulässig sein.

Wir ermitteln zuerst die Nachfrage einer jeden Investorin. Die Budgetbedingung dieser Investorin i lautet

$$p(B^1) \cdot X_1^i + p(B^2) \cdot X_2^i \leq w^i,$$

was wir sofort zu

$$X_1^i + p \cdot X_2^i = w^i \tag{4}$$

vereinfachen können.

Die Investoren i maximieren die Nutzenfunktion (3) unter der Nebenbedingung (4) ("individuelle Nutzenmaximierung"). Wir wollen nicht mit Vektoren X^i maximieren, sondern die einzelnen Variablen X_1^i, X_2^i verwenden und müssen daher das Maximierungsproblem ein wenig umschreiben.

Zuerst berechnen wir Erwartungswert und Varianz des optimalen Portfolios. Das gelingt relativ leicht, weil wir direkt ermitteln können, wie hoch Erwartungswert und Varianz von B^1, B^2 sind:[20]

$$\begin{aligned}
\mathrm{E}[X^i] &= X_1^i\,\mathrm{E}[B^1] + X_2^i\,\mathrm{E}[B^2] \\
&= X_1^i + X_2^i. \\
\mathrm{Var}[X^i] &= (X_1^i)^2\,\mathrm{Var}[B^1] + (X_2^i)^2\,\mathrm{Var}[B^2] + 2X_1^i X_2^i\,\mathrm{Cov}[B^1, B^2] \\
&= (X_2^i)^2.
\end{aligned}$$

Damit lautet das Maximierungsproblem in Variablendarstellung

$$\max_{X_1^i, X_2^i} \quad X_1^i + X_2^i - \frac{1}{2}(X_2^i)^2 \quad \text{s.t.} \ X_1^i + p \cdot X_2^i = w^i$$

Aus (4) folgt $X_1^i = w^i - pX_2^i$. Setzen wir das in die Nutzenfunktion ein, so gelangen wir zu dem unbeschränkten Maximierungsproblem

$$\max_{X_2^i} \quad w^i - pX_2^i + X_2^i - \frac{1}{2}(X_2^i)^2. \tag{5}$$

Dieses Problem lösen wir, indem wir nach X_2^i ableiten, die Ableitung gleich null setzen und umstellen. Wir erhalten

$$1 - p = X_2^i, \quad X_1^i = w^i - p(1 - p).$$

Für diejenigen Entscheiderinnen, die das erste Basisasset halten, gilt $w^i = 1$. Für diejenigen, die das zweite Basisasset halten, haben wir $w^i = p$. Wir erkennen: Je höher der Preis p des riskanten Assets B^2, je niedriger die Nachfrage nach diesem Asset.

Nun haben wir die Nachfragen aller Investoren zu addieren und sie gleich dem Gesamtangebot zu setzen ("Markträumung"). Da die Nachfrage nach dem riskanten Asset in diesem Fall vom Vermögen w^i unabhängig ist, können wir einen der beiden Fälle sehr schnell ermitteln:

Riskantes Basisasset B^2 Wir berechnen die Gesamtnachfrage. Es gibt vier riskante Ba-

---

20. Die Auszahlungen kann man dem Beginn von Abschnitt 2.2 entnehmen, die beiden Zustände "Zahl" und "Wappen" sind gleich wahrscheinlich.

sistitel und sechs Investorinnen, also gilt

$$4 = 6(1 - p) \implies p = \frac{1}{3}.$$

Risikoloses Basisasset B^1 Wir berechnen zuerst die Gesamtnachfrage. Wir haben zwei Investorinnen mit $w^i = 1$, die beide $1 - p(1 - p)$ vom ersten Basisasset nachfragen. Zudem haben wir vier Investorinnen mit $w^i = p$, die dann $p - p(1 - p) = p^2$ nachfragen, siehe (27). Die Gesamtnachfrage nach dem risikolosen Titel B^1 ist also

$$2 \cdot (1 - p(1 - p)) + 4p^2 = 2 \implies p = \frac{1}{3}, p = 0.$$

Da beide Gleichungen erfüllt sein müssen, ergibt sich eine eindeutige Lösung $p = \frac{1}{3}$. Wir haben einen eindeutigen Marktpreis im Gleichgewicht gefunden.

2.4 GLEICHGEWICHT: DAS MODELL MIT ERWARTUNGSNUTZEN

Lernziel: Wieder wollen wir den experimentell gefundenen Preis durch ein Modell erklären, diesmal verwenden wir dazu aber den Erwartungsnutzen.

Wir müssen zuerst die wichtigsten Elemente der Vorlesung "Entscheidungstheorie" wiederholen, weil wir das dort behandelte Konzept der Nutzenfunktionen behandeln wollen.

ERWARTUNGSNUTZENTHEORIE Wir betrachten *Erwartungsnutzenfunktionen*. Hat ein Investor die Wahl zwischen zwei Portfolios X und Y, so wählt er dasjenige Portfolio, dessen Erwartungsnutzen höher ist. Er zieht also X dem Portfolio Y genau dann vor, wenn

$$\sum_{s=1}^{S} p_s u(X_s) =: \mathrm{E}[u(X)] \geq \mathrm{E}[u(Y)] := \sum_{s=1}^{S} p_s u(Y_s)$$

für seine Erwartungsnutzenfunktion u.

Als Erwartungsnutzenfunktionen sind dabei nur monoton steigende und konkave Funktionen plausibel, da nur sie Nichtsättigung ("mehr ist besser") und Risikoaversion widerspiegeln. Die Höhe dieser Risikoabneigung wird durch das Arrow–Pratt–Maß der Risikoaversion angegeben:

$$-\frac{u''(t)}{u'(t)} = \text{Arrow–Pratt–Maß}.$$

Eine besondere Rolle spielen diejenigen Erwartungsnutzenfunktionen $u(t)$, bei denen dieser Koeffizient konstant (also unabhängig von t) ist. Es handelt sich um die

21

CARA–Funktionen[21], die sich parametrisch in der folgenden Art und Weise darstellen lassen:

$$u(t) = -e^{-at} \qquad \text{CARA–Nutzenfunktion.}$$

Der Parameter a beschreibt den Grad der (absoluten) Risikoaversion; er kann von Investorin zu Investorin variieren. CARA-Funktionen haben die Eigenschaft, dass Investoren in einem einfachen Portfolioproblem das riskante Asset bei Vermögensänderungen nicht anpassen müssen. In sehr vielen ökonomischen Modellen finden diese Funktionen Verwendung.

In selteneren Fällen werden wir Funktionen betrachten, bei denen die Risikoaversion nicht konstant, sondern hyperbolisch fallend ist. Man spricht auch von HARA–Nutzenfunktionen.[22] Sie lassen sich in der folgenden Art und Weise darstellen

$$u(t) = \ln(t), \quad u(t) = \frac{t^{1-a} - 1}{1 - a} \ (0 < 1 - a, a \neq 1) \qquad \text{HARA–Nutzenfunktion.}$$

In der Literatur wird die Meinung vertreten, diese Nutzenfunktionen seien sehr plausibel, wenn man experimentell oder empirisch beobachtbares Verhalten von Investoren modellieren will. Wir werden später nicht notwendigerweise diese Nutzenfunktion, sondern auch

$$u(t) = \frac{t^{1-a}}{1 - a}$$

verwenden. Beide Notationen sind äquivalent, da sie bei der Erwartungsnutzenmaximierung zu identischem Verhalten führen werden.[23] Wieder ist a der Grad der (relativen) Risikoaversion, hier sind einstellige Werte plausibel.

Eine Investorin, die im Rahmen der Erwartungsnutzentheorie eine Portfolioentscheidung trifft, muss folgendes Maximierungsproblem lösen. Wenn der Preis eines Titels X mit $p(X)$ bezeichnet wird und das Budget des Investors gerade w beträgt, so ist das optimale Portfolio gerade die Lösung von

$$\max \mathrm{E}[u(X)], \qquad \text{s.t. } p(X) \leq w, \ X \geq 0. \tag{6}$$

Die Erwartungsnutzenfunktionen der Investoren sind immer monoton wachsend ("mehr ist besser"). Daher können wir im Folgenden davon ausgehen, dass die Budgetbedingung immer mit Gleichheit erfüllt sein wird oder $p(X) = w$. Wäre dem nicht so, könnte die Investorin von dem ihr verbleibenden Geldbetrag weiter risikolose Assets erwerben und würde in jedem Fall ihren Nutzen erhöhen.

---

21. Die Abkürzung steht für "constant absolute risk aversion", siehe Vorlesung Entscheidungstheorie.
22. Die Abkürzung steht für "hyperbolic absolute risk aversion", siehe Vorlesung Entscheidungstheorie. Manchmal werden diese Funktionen auch mit CRRA oder "constant relative risk aversion" abgekürzt.
23. Wir sprachen in der Vorlesung Entscheidungstheorie auch von einem kardinalen Nutzen.

Die Nichtnegativitätsbedingung $X \geq 0$ müssen wir dem Maximierungsproblem hinzufügen, weil ein Investor keine negativen Gütermengen konsumieren kann.

In unserem Beispiel unterstellen wir nun, dass Investoren eine Nutzenfunktion des Typs[24] besitzen

$$u(x) = \ln x$$

(wir vernachlässigen bei der Bezeichnung der Nutzenfunktion den Index i, da die Funktion für alle Investoren identisch ist) und demzufolge eine Erwartungsnutzenfunktion der Form

$$E[u(X^i)] = \frac{1}{2}\ln\left(X_1^i\right) + \frac{1}{2}\ln\left(X_1^i + 2X_2^i\right). \tag{7}$$

Zuerst werden wir die Nachfrage einer jeden Investorin ermitteln. Dazu notieren wir zuerst die Nebenbedingung, unter der jede Investorin agiert: sie darf nicht mehr ausgeben, als ihr Budget zulässt. Wenn unser Auktionator die Preise $p = (1,p)$ für die Wertpapiere ausruft, dann lautet die Budgetbedingung einer Investorin i

$$p(B^1) \cdot X_1^i + p(B^2) \cdot X_2^i \leq w^i.$$

Gleichzeitig wissen wir, dass die Investoren keine zukünftigen Gütermengen wegwerfen werden. Wenn sie also noch Geld verfügbar haben, so werden sie so lange Güter erwerben, bis die Budgetbedingung bindet. Zudem können wir den bekannten Wert für den Preis des ersten Basistitels einsetzen. Daher gilt sogar

$$X_1^i + p \cdot X_2^i = w^i. \tag{8}$$

Die Investoren i maximieren die Erwartungsnutzenfunktion (7) unter der Nebenbedingung (8) ("individuelle Nutzenmaximierung").

An dieser Stelle kann man den Lagrange-Formalismus benutzen, aber die Rechnung gelingt auch einfacher. Dazu stellen wir die Nebenbedingung (8) nach X_1^i um und setzen diesen Ausdruck in die Nutzenfunktion (7) ein,

$$\max_{X_2^i} \frac{1}{2}\ln\left(w^i - pX_2^i\right) + \frac{1}{2}\ln\left(w^i - pX_2^i + 2X_2^i\right).$$

Dies ist ein unbeschränktes Maximierungsproblem, das wir durch einfaches Ableiten nach der Aktionsvariable X_2^i und nullsetzen lösen können,

$$0 = \frac{1}{2}\frac{-p}{w^i - pX_2^i} + \frac{1}{2}\frac{2-p}{w^i - pX_2^i + 2X_2^i}.$$

24. Das waren HARA-Funktionen mit $a = 1$.

Diese Gleichung hat folgende Lösung,

$$X_2^i = \frac{1-p}{(2-p)p} w^i.$$
(9)

Die Funktion auf der rechten Seite fällt mit wachsendem p. Also hat ein höherer Preis p eine niedrigere Nachfrage nach B^2 zur Folge und umgekehrt. Das Ergebnis ist plausibel.

Weiter gilt wegen der Budgetrestriktion auch

$$X_1^i = \frac{w^i}{2-p}.$$
(10)

Im übrigen hängt das Verhältnis der Nachfragemengen $X_1^i : X_2^i$ nur vom Preis und nicht dem Vermögen w^i ab, genauer gilt

$$X_1^i : X_2^i = \frac{p}{1-p}$$

Nun haben wir die Nachfragen aller Investoren zu addieren und sie gleich dem Gesamtangebot zu setzen ("Markträumung"). Da wir zwei Basisassets haben, müssen wir für beide Titel die Markträumung prüfen.

Risikoloses Basisasset B^1 Wir berechnen zuerst die Gesamtnachfrage. Wir haben zwei Investorinnen mit $w^i = 1$ mit der entsprechenden Nachfrage nach risikolosem Asset nach (10). Zudem haben wir vier Investorinnen mit $w^i = p$. Die Gesamtnachfrage nach dem risikolosen Titel B^1 ist also

$$\frac{1}{2-p} \cdot 2 + \frac{p}{2-p} \cdot 4 = \frac{10}{2-p} - 4.$$

Markträumung verlangt die Gleichheit von Angebot und Nachfrage. Beim risikolosen Basisasset bedeutet das

$$\frac{10}{2-p} - 4 = 2 \qquad \Longrightarrow \qquad p = \frac{1}{3}.$$

Risikantes Basisasset B^2 Wieder berechnen wir die Gesamtnachfrage. Wir haben zwei Investorinnen mit $w^i = 1$ und vier Investorinnen mit $w^i = p$, deren Nachfrage sich nach (9) richtet. Die Gesamtnachfrage nach dem riskanten Titel B^2 ist also

$$\frac{1-p}{(2-p)p} \cdot 2 + \frac{(1-p)p}{(2-p)p} \cdot 4 = 4 - \frac{5}{2-p} + \frac{1}{p}$$

Markträumung verlangt die Gleichheit von Angebot und Nachfrage. Beim riskanten Basisasset bedeutet das

$$4 - \frac{5}{2-p} + \frac{1}{p} = 4 \qquad \Longrightarrow \qquad p = \frac{1}{3}.$$

Beide Gleichungen ergeben die Lösung $p = \frac{1}{3}$. Wir haben einen eindeutigen Marktpreis im Gleichgewicht gefunden.

Beide Gleichgewichtsbeispiele führen uns zu einem identischen Preis, der zudem dem Preis ähnelt, den wir im Experiment beobachtet haben. Es stellt sich damit natürlich die Frage, welche der beiden Modelle wir bevorzugen sollten. Darauf gibt es keine eindeutige Antwort. Wir werden daher in den nächsten Abschnitten beide Gleichgewichtsmodelle genauer betrachten, um deren Eigenschaften zu verstehen und sich zu erarbeiten, welches der beiden Modelle für welche Fragestellung besonders geeignet oder eben ungeeignet ist.

3 ALLGEMEINE GLEICHGEWICHTSTHEORIE

3.1 DEFINITION EINES ALLGEMEINEN GLEICHGEWICHTES

Lernziel: Wir definieren den Begriff der Allokation und des Tauschgleichgewichts.

In diesem Abschnitt wollen wir uns Eigenschaften erarbeiten, die für beide Gleichgewichte des vorigen Kapitels gültig sind. Man spricht in diesem Fall von der allgemeinen Gleichgewichtstheorie. Da wir an dieser Stelle noch nicht wissen, welche konkreten Nutzenfunktionen wir unterstellen wollen, sprechen wir nur davon, dass unsere Investoren "eine Nutzenfunktion $(U(x))$" maximieren. Über diese Nutzenfunktion wissen wir sehr wenig. Es wird sich zeigen, ob mit einem so allgemeinen Modell sinnvolle Aussagen erzielt werden können.

Im Folgenden verwenden wir ein Modell mit S einander ausschließenden Umweltzuständen in der Zukunft. Es wird es *endlich viele* Investoren geben, die ihren Nutzen maximieren.[25]

Am Markt agieren I Investoren, die wir mit dem Kleinbuchstaben $i = 1, \ldots, I$ indizieren.

Der Tausch findet an einem Markt statt. Die Erstausstattung des i–ten Investors werden wir mit einem Querstrich kennzeichnen: $\overline{X}^i$. Die Investoren treffen mit ihren Erstausstattungen am Markt ein, man einigt sich auf dem Marktplatz auf Preise der zu tauschenden Güter und jeder erwirbt nun (entsprechendem dem Vermögen, das sich aus den Preisen der Erstausstattung ergibt) sein optimales Portfolio. Dabei wird für jedes Wertpapier ein einheitlicher Marktpreis verlangt – die Investoren dürfen sich nicht jeweils untereinander (etwa bilateral) auf "private" Marktpreise einigen, sondern müssen für alle Tauschobjekte diesen einheitlichen Preis akzeptieren.

Ist dieser Einigungsprozess insgesamt erfolgreich, so sprechen wir von einem Tauschgleichgewicht (auch GE oder "General Equilibrium") am Finanzmarkt. Erfolgreich ist also ein Einigungsprozess, wenn zwei Bedingungen gleichzeitig erfüllt sind:

1. Jeder Investor maximiert seinen Nutzen gegeben die Preise.

2. Die Märkte räumen, also Angebot und Nachfrage stimmen überein.

FORMALE DEFINITION Jeder der Investoren besaß eine Erstausstattung. Das Gesamtangebot aller Investoren ist dann die Summe der Erstausstattungen

$$\overline{X} = \sum_{i=1}^{I} \overline{X}^i.$$

---

25. Modelle mit unendlich vielen Investoren werden wir nicht betrachten, da die mathematischen Voraussetzungen über die uns zur Verfügung stehenden Mittel hinausgehen und kaum zusätzliche ökonomische Erkenntnisse gewonnen werden können.

Der i–te Investor kann seine Erstausstattung tauschen und wird am Finanzmarkt versuchen, ein optimales ("besseres") Portfolio zu erwerben. Diese Nachfrage bezeichnen wir mit X^i. Eine solche Menge von Nachfragen X^i für alle Investoren i nennen wir auch eine Allokation:

Definition 3.1 (Allokation). *Eine Menge von Nachfragen X^i über alle Investoren i heißt Allokation:*

$$\left\{ X^i \; : \; i = 1, \ldots, I \right\}.$$

Wir nennen eine Allokation zulässig, *wenn die Summe der Nachfragen das Marktangebot nicht übersteigt:*

$$\sum_{i=1}^{I} X^i \leq \overline{X}.$$

Wenn alle Investoren ihre Nachfragen ermittelt haben und die Märkte mit diesen Nachfragen räumen (also Angebot und Nachfrage übereinstimmen), dann haben wir ein Tauschgleichgewicht. Die Frage, wie man etwa bei gegebenen Nutzenfunktionen derartige Tauschgleichgewichte bestimmt, wollen wir für einen Moment zurückstellen.

Definition 3.2 (Gleichgewicht). *Ein* Tauschgleichgewicht *besteht aus Preisen $p(X)$ der Portfolios X und einer Allokation X^i über alle Investoren $i = 1, \ldots, I$. Dabei müssen die folgenden beiden Bedingungen erfüllt sein*

- *X^i ist die Lösung des Nutzenmaximierungsproblems (6) des Investors i.*

- *Die Märkte räumen, d.h. die Gesamtnachfrage entspricht dem Gesamtangebot*

$$\underbrace{\sum_{i=1}^{I} X^i}_{Nachfrage} = \underbrace{\overline{X}}_{Angebot} \tag{11}$$

Wer diese Definition eines Gleichgewichts akzeptiert, muss sich nun die folgende Frage stellen. Es ist keinesfalls offensichtlich, dass solche Gleichgewichte an Märkten überhaupt existieren. Sicherlich kann man dafür sorgen, dass bei einem Preis eines Wertpapiers sich Angebot und Nachfrage dieses Titels die Waage halten. Aber in einem Gleichgewicht muss dies für alle Wertpapiere simultan möglich sein. Und diese Forderung ist keinesfalls trivial, denn wenn ein Preis eines Produktes geändert wird, hat dies Auswirkungen auf die Nachfrage anderer Titel und damit verschieben sich alle Nachfragen. Dass es überhaupt Preise gibt, die Angebot und Nachfrage an einem Markt in Übereinstimmung bringen, muss also bewiesen werden. Wir kommen auf diesen Punkt zurück.

> **Lernziel:** Wir werden beweisen, dass ein Tauschgleichgewicht eine für alle Beteiligten in einem gewissen Sinne effiziente Situation darstellt.

Die Vorstellung eines Tauschgleichgewichtes ist es, dass es zu einer für alle Beteiligten vorteilhaften Situation führt. Nur was genau heißt "vorteilhaft" hier? Bedeutet es "wünschenswert" oder "fortschrittlich"? Oder meint man gar, dass man es mit einer "gerechten" Situation zu tun hat? In den Anfangsjahren der Ökonomie waren Diskussionen dieser Art immer politisch geprägt und es ist das Verdienst von Pareto, hier Klarheit geschaffen zu haben und die Gleichgewichtstheorie von Diskussionen moralischer und politischer Art getrennt zu haben.

Um die Definition zu verstehen, versuchen wir uns klarzumachen, was passiert, wenn eine andere (zulässige) Allokation Y^i als eine bestehende Allokation X^i vorliegt. Wir könnten Y^i so etwas wie eine Umverteilung des X^i bezeichnen. Die Investoren lassen sich dann nach so einer Umverteilung in drei Gruppen einteilen:

1. Es gibt diejenigen, die von der Umverteilung profitieren. Ihr Nutzen steigt.

2. Es gibt diejenigen, denen die Umverteilung egal ist. Ihr Nutzen bleibt gleich.

3. Es gibt diejenigen, für die Umverteilung einen Nachteil bedeutet. Ihr Nutzen sinkt.

Eine Pareto-Verbesserung hätten wir dann, wenn es keine dritte Gruppe (keine Benachteiligten) gibt. Jeder verbessert sich oder zumindest bleibt sein Nutzen gleich. Eine Allokation ist dann Pareto-effizient, wenn so eine Verbesserung nicht mehr möglich ist.

Allerdings müssen wir für diese Definition den Fall ausschließen, dass sich der Nutzen aller Investorinnen überhaupt nicht ändert. Dann wäre die dritte Gruppe auch leer, die erste aber ebenso. Eine solche Umverteilung bringt nichts und stellt demzufolge keine Pareto-Verbesserung dar. Um diesen Fall auszuschließen, müssen wir die Definition etwas umständlicher formulieren.

Definition 3.3 (Pareto-Effizienz). *Eine (zulässige) Allokation Y^i ist eine* Pareto-Verbesserung, *wenn die Nutzenerhöhung (mindestens) einer Investorin nicht zu Lasten anderer Investorinnen geht.*

Eine zulässige Allokation ist Pareto-effizient *genau dann, wenn es keine Pareto-Verbesserung gibt.*

Bei einer Pareto-effizienten Allokation handelt es sich also um eine Verteilung der vorhandenen Güter, die in einem gewissen Sinne nicht zu verbessern ist. Jede Veränderung läuft darauf hinaus, mindestens eine Investorin schlechter zu stellen. Pareto-effiziente Allokationen sind in diesem Sinne optimal (man spricht auch von einer

Pareto-optimalen Allokation). Ob sie wünschenswert oder gar gerecht sind, ist damit gerade nicht gesagt.

In einer Pareto-effizienten Allokation kann es durchaus passieren, dass eine Investorin i als optimales Portfolio nur null konsumieren kann. Wollte man dieser Investorin einen höheren Konsum ermöglichen, so müssten wir den Konsum einer anderen Investorin senken.

Wir können nun den folgenden Satz beweisen. Seine Aussage besteht darin, dass Gleichgewichte in gewissem Sinne sinnvolle oder wünschenswerte Allokationen darstellen.

Satz 3.4 (Erster Wohlfahrtssatz). *Eine Allokation im Tauschgleichgewicht ist Pareto-effizient.*

Beweis: Wir führen diesen Beweis indirekt und bezeichnen die gleichgewichtige Allokation mit X^i. Wir nehmen an, diese gleichgewichtige Allokation sei nicht Pareto-optimal. Dann muss es eine Verteilung Y^i geben, die für mindestens einen Investor i eine Verbesserung und für alle anderen Investoren zumindest keine Verschlechterung darstellt. Der Beweis wird nun dadurch etwas umständlicher, dass wir nicht wissen, ob es sich bei Y^i auch um ein Tauschgleichgewicht handelt, also in dieser Allokation Angebot und Nachfrage auch übereinstimmen.

Wir wissen aber, dass die neue Allokation für den Investor i teurer sein muss als $p(X^i)$, denn anderenfalls hätte er nicht X^i als Nachfrage, sondern das für ihn bessere Portfolio Y^i gewählt:

$$p(Y^i) > p(X^i).$$

Betrachten wir die anderen Investoren $j \neq i$. Sie haben optimale Portfolios Y^j, die einen Nutzen mindestens in Höhe von $E[u(X^j)]$ haben. Diese müssen mindestens so teuer wie X^j sein, denn wären sie strikt billiger als X^j, dann hätten im Tauschgleichgewicht die Investoren besser Y^j gewählt und von dem verbleibenden Geldbetrag noch etwas risikoloses Asset erworben – sie hätten auf diese Weise ihren Nutzen ganz offensichtlich auf einen Wert steigern können, der höher ist als $E[u(X^j)]$. Halten wir also fest

$$p(Y^j) \geq p(X^j) \quad \text{für alle } j \neq i.$$

Addieren wir beide Ungleichungen, dann erhalten wir

$$\sum_{i=1}^{I} p(Y^i) > \sum_{i=1}^{I} p(X^i) = \sum_{i=1}^{I} p(\overline{X}^i).$$

Diese Ungleich zeigt, dass die Gesamtkosten der neuen Allokation strikt größer sind als die Gesamtkosten der Allokation X^i. Dann aber kann es sich bei Y^i nicht um eine zulässige Allokation handeln, da die Preise arbitragefrei und damit monoton waren. Das steht im Widerspruch zu der Aussage, dass Y^i eine Pareto-Verbesserung darstellt

(Pareto-Verbesserungen müssen zulässig sein). Wir haben gezeigt, was zu zeigen war. ∎

Bisher wissen wir, dass alle Gleichgewichte Pareto-effizient sind. Es stellt sich die Frage, inwieweit die Umkehrung gilt. Nehmen wir einmal an, wir haben eine Pareto-effiziente Situation gegeben. Nach dem bisher gesagten handelt es sich dabei um eine Allokation, die in gewissem Sinne wünschenswert ist – wir können diese Allokation nicht verbessern, ohne dabei jemanden schlechter zu stellen. Der zweite Wohlfahrssatz behauptet nun folgendes (ohne Beweis):

Satz 3.5 (Zweiter Wohlfahrtssatz). *Sei eine Pareto-effiziente Allokation gegeben. Dann existiert eine Erstausstattung aller Investoren derart, dass das zugehörige Gleichgewicht genau der Pareto-effizienten Allokation entspricht.*

Der zweite Wohlfahrtssatz besagt damit, dass *jede beliebige* wünschenswerte (=Pareto-optimale) Allokation durch einen Marktmechanismus installiert werden kann. Wenn wir beispielsweise mit der Verteilung, die ein existierendes Gleichgewicht zur Folge hatte, nicht einverstanden sind, so sollte man nicht etwa in den Markt eingreifen und eine direkte Verteilung durch den Staat initiieren. Man sollte vielmehr die Erstausstattung umschichten und kann sich sicher sein, dass der Marktmechanismus von ganz allein auf das gewünschte Gleichgewicht zusteuern wird.

Dieser Satz ist für die Neoklassik deshalb so wichtig, weil er dem Gleichgewichtsbegriff eine zentrale Bedeutung zumisst. Das erste und zweite Wohlfahrtstheorem sind die Leitsätze der neoklassischen (und neoliberalen) Ökonomie: *Der Markt ist der effizienteste Mechanismus zur Verteilung von Gütern.*

3.3 EXISTENZ, EINDEUTIGKEIT UND DAS ENDE DER ALLGEMEINEN GLEICHGEWICHTSTHEORIE

Wir haben uns bisher nicht mit der Frage auseinander gesetzt, ob überhaupt Tauschgleichgewichte existieren. Diese Frage werden wir in dieser Vorlesung auch nicht beantworten, denn Existenzaussagen sind sehr komplizierte Probleme in der Ökonomie.[26] Wir merken uns an dieser Stelle nur, dass man unter durchaus allgemeingültigen Annahmen zeigen kann, dass "sehr oft" Tauschgleichgewichte existieren.

Leider übersieht man an dieser Stelle eine wichtige Fragestellung der Gleichgewichtstheorie. Wir haben festgehalten, dass im allgemeinen die Existenz von Tauschgleichgewichten beweisbar ist. Es kann jedoch sein, dass nicht nur ein, sondern meh-

---

26. Nicht umsonst haben Kenneth Arrow und Gerard Debreu (unter anderem) dafür den Nobelpreis erhalten. Einer, der dabei immer wieder vergessen wird (und im Grunde auch den Nobelpreis verdient hätte), ist Lionel McKenzie, siehe Roy Weintraub: "Lionel W. McKenzie and the Proof of the Existence of a Competitive Equilibrium", *Journal of Economic Perspectives* 25 (2011), S. 199-215. McKenzie hatte den Existenzbeweis vor Arrow und Debreu formuliert, wurde aber durch ein eher intrigantes Verhalten von Debreu in den Hintergrund gedrängt. Dies zeigt der Artikel klar auf.

rere Gleichgewichte existieren. In diesem Fall sind wir etwas über das Ziel hinaus geschossen. Es gibt neben den Preisen $p(X)$ vielleicht weitere Preise $q(X)$, bei denen auch die Märkte räumen.

Worin besteht dann das Problem? Selbstverständlich kann man die Preise $p(X)$ alle mit einer einheitlichen Zahl multiplizieren und es ändert sich an einem Tauschgleichgewicht überhaupt nichts. Mit der Einführung des Euro beispielsweise wurden alle DM–Preise (mehr oder weniger, wie wir inzwischen wissen) einheitlich umgerechnet und es hat sich weder an den Güter– noch den Arbeitsmärkten eine Veränderung des (Un–)Gleichgewichtes ergeben. Niemand hat etwas anderes erwartet. Was wir hier aber mit verschiedenen Preisen $p(X)$ und $q(X)$ meinen, sind Situationen, bei denen das eine Preissystem gerade nicht durch eine einfache Vervielfachung aus dem anderen Preissystem hervorgeht, sondern bei denen auch die Preisrelationen der Portfolios zueinander sich verändert haben. Versuchen wir uns die Situation in einem Markt mit mehreren Gütern zu veranschaulichen. Während also beispielsweise in einem Gleichgewicht ein Brot so viel kostet wie 10 Brötchen, kostet in einem anderen Gleichgewicht ein Brot so viel wie 85 Brötchen.

Das aber stellt für uns ein gravierendes Problem dar. Wir haben behauptet, wir könnten mit Hilfe der Gleichgewichtstheorie erklären, wie sich an Märkten Preise bilden. Nur welcher Preis soll denn im letzten Beispiel der "richtige" sein? Ist nun ein Brot fünfundachtzig oder zehn Mal so viel Wert wie ein Brötchen? Wenn sich die Tauschgleichgewichte an einem Markt aus den Fundamentaldaten der Wirtschaft nicht in eindeutiger Weise ergeben, dann hat die gesamte Gleichgewichtstheorie versagt. Tauschgleichgewichte müssen eindeutig sein, um einen sinnvollen Erklärungsgehalt zu besitzen.

Bis in die 70er Jahre hinein hat man daher immer wieder versucht, Bedingungen für die Eindeutigkeit von Tauschgleichgewichten zu finden. Es stellten sich nur sehr zögerlich Erfolge ein, bis durch Arbeiten von Sonnenschein, Mantel und Debreu klar wurde, dass dieses Ziel unerreichbar ist.[27] Man kann mit sehr fortgeschrittenen Methoden beweisen, dass die Tauschgleichgewichte im allgemeinen nicht eindeutig sind, sondern an Finanzmärkten sogar *beliebig viele* Gleichgewichte existieren können. Welchen Erklärungsgehalt die allgemeine Gleichgewichtstheorie dann noch besitzen soll, sei dahingestellt. Diese neueren Erkenntnisse haben dazu beigetragen, dass in diesem Bereich seit den 80er Jahren die Forschung nur noch sehr vereinzelt stattfindet.

---

27. Siehe insbesondere G. Debreu, Excess demand functions, *Journal of Mathematical Economics*, 1:15–21, 1974.

4 CAPITAL ASSET PRICING MODEL ODER μ-σ GLEICHGEWICHT

> **Lernziel:** Wir wollen in diesem Kapitel erneut das Gleichgewicht mit μ-σ-Nutzen diskutieren und allgemeine Eigenschaften des Modells herleiten. Zuvor beginnen wir mit der Wertpapiermarktlinie, die sich bereits aus Arbitrageüberlegungen ergibt.

4.1 ARBITRAGFREIHEIT UND PREISPORTFOLIO

> **Lernziel:** Die Arbitragetheorie untersucht Eigenschaften von Preisen. Eine Eigenschaft, die sehr plausibel ist, ist die Arbitragefreiheit. Arbitragefreie Preise können durch ein besonderes Portfolio (das Preisportfolio) charakterisiert werden.

Preise an Kapitalmärkten sind nicht beliebig. Wer zum Beispiel aus zwei einzelnen Aktien ein neues Portfolio bildet, wird einen Gesamtpreis bezahlen müssen, der sich aus der Summe der beiden Einzelpositionen ergibt (man spricht hier von Linearität). Wir können weitere Eigenschaften der Preise aufzählen, die wir vernünftigerweise an Kapitalmärkten unterstellen.

Man fasst diese Eigenschaften unter dem Begriff der Arbitragetheorie zusammen.[28] In dieser Theorie kann man die Existenz so genannter risikoneutraler Wahrscheinlichkeiten beweisen, denen wir uns etwas ausführlicher widmen müssen.

ARBITRAGEFREIHEIT IM ZUSTANDSMODELL   An "vernünftigen" Märkten beobachten wir, dass Preise linear sind. Legt man also Portfolios zusammen, so addieren sich die Preise. Vervielfacht man ein Portfolio, so vervielfacht sich der Preis entsprechend. Formal können wir dies durch eine Gleichung beschreiben, die wie folgt lautet. Für alle Wertpapiere X,Y und beliebige reelle Zahlen a,b gilt

$$p(a \cdot X + b \cdot Y) = a \cdot p(X) + b \cdot p(Y). \tag{12}$$

Die Gültigkeit einer solchen Gleichung gilt an liquiden Märkten als selbstverständlich. Sie hat nun eine wichtige und interessante Konsequenz. Dabei müssen wir nun aber unterscheiden, ob wir es mit einer Zustandsdarstellung oder mit Basiswertpapieren zu tun haben. Wir wollen diese Überlegungen zuerst in dem Modell illustrieren, in dem die Zustände des zukünftigen Zeitpunktes bekannt sind ("Zustandsmodell").

Für diese Zustände hatten wir die Wahrscheinlichkeiten ihres Eintretens mit dem Buchstaben p_s bezeichnet. Da diese Wahrscheinlichkeiten von Investorin zu Investorin variieren, spricht man auch von subjektiven Wahrscheinlichkeiten. Für arbitragefreie Märkte ist nun charakteristisch, dass man für jeden Zustand eine weitere Zahl q_s

---

28. Details werden in der Vorlesung "Derivate und ihre Bewertung" behandelt. In dieser Vorlesung werden wir jedoch sowohl auf Beweise als auch auf intuitive Herleitungen verzichten und nur die Ergebnisse vorstellen.

wählen kann, die zum einen zwischen null und eins liegt und die, summiert über alle denkbaren Zustände, eines ergeben. Damit sehen diese Zahlen wie Wahrscheinlichkeiten aus – auch dann, wenn sie nicht die eben genannten subjektiven Wahrscheinlichkeiten eines bestimmten Investors sind. Man nennt diese fiktiven Wahrscheinlichkeiten auch "risikoneutral" und wir werden gleich sehen, woher dieser Begriff rührt. Wenn man jetzt einen Erwartungswert mit Hilfe dieser fiktiven oder risikoneutralen Wahrscheinlichkeiten bildet, so wird er mit E_Q bezeichnet, um ihn von den subjektiven Wahrscheinlichkeiten zu unterscheiden.

Unabhängig davon, welches Wertpapier X man vor sich hat, gilt nun die folgende Identität

$$p(X) = \frac{\sum_{s=1}^{S} q_s \cdot X_s}{1 + r_f} = \frac{E_Q[X]}{1 + r_f} \tag{13}$$

Wer also den Erwartungswert der Rückzahlung, aber eben unter der Wahrscheinlichkeit Q, bildet und diesen Wert diskontiert, erhält den heutigen Preis des Wertpapiers. Und diese Aussage ist für alle X gültig! Um diese Aussage zu verstehen, werden wir den Bruch etwas umstellen. Er kann auch wie folgt geschrieben werden:

$$r_f = \frac{E_Q[X]}{p(X)} - 1.$$

Jetzt erschließt sich zumindest eine sehr einfache Interpretation der Gleichung (13).[29] Sie besagt, dass die erwartete Rendite *eines jeden Titels* X (unter der risikolosen Wahrscheinichkeit) risikolos ist. Man darf nur hierbei gerade nicht die subjektiven Wahrscheinlichkeiten der Investoren wählen, sondern muss sich vielmehr der oben genannten fiktiven, risikoneutralen Wahrscheinlichkeiten bedienen! Wir werden dieses Ergebnis intensiv für unsere Überlegungen nutzen.

PREISPORTFOLIO   In der Literatur hat sich eingebürgert, hier noch eine Zwischenergebnis festzuhalten.[30] Wir bilden ein neues Wertpapier, das wir m nennen werden. In der Literatur nennt man m sowohl "Preiskern", "pricing kernel" als auch "Preisportfolio"; manchmal spricht man auch vom "stochastic discount factor" oder SDF.[31] Das Wertpapier m zeichnet sich dadurch aus, dass es exakt die folgenden Gütermengen realisiert

$$m_s := \frac{q_s}{p_s}.$$

---

29. Aufgrund ihrer Bedeutung in der Finanzierung nennt man diese Aussage auch den "Fundamentalsatz der Preistheorie". Diese Bezeichnung geht auf Dybvig und Ross zurück.
30. Dieser Abschnitt ist streng genommen keine Wiederholung mehr. Wundern Sie sich also nicht, wenn Sie dies zum ersten Mal hören.
31. Beim SDF wird üblicherweise der risikolose Zins " integriert". Dort definiert man also $m_s := \frac{q_s}{(1+r_f)p_s}$, dadurch ändert sich die unten stehende Bewertungsgleichung (14) dergestalt, dass den Zinssatz im Nenner weglassen muss.

Das Wertpapier m beschreibt damit die Abweichung zwischen den subjektiven (also investorspezifischen) und risikoneutralen Wahrscheinlichkeiten eines Zustandes. Der Quotient der beiden zeigt an, wie viel mehr der Markt einen Zustand bewertet. Ein hoher Wert von q_s bedeutet, dass eine Zahlung in diesem Zustand s heute viel Geld kosten wird. Ein hoher Wert von p_s bedeutet, dass ich einer Zahlung in diesem Zustand s heute einen hohen Erwartungswert beimesse. m bildet den Quotienten aus diesen beiden Größen $\frac{q_s}{p_s}$. m ist damit so etwas wie das Verhältnis des Preises zu seiner (subjektiven) Wahrscheinlichkeit, und dies aber für jeden Zustand.

Warum ist es hilfreich, sich dieses Preisportfolios zu bedienen? Dazu wählen wir ein beliebiges Portfolio X und multiplizieren die Zahlung in jedem Zustand mit der Zahlung des Preisportfolios in demselben Zustand. Wir berechnen den Erwartungswert der Zahlung des Portfolios $\mathrm{E}[m \cdot X]$. Wir erhalten wegen (13)

$$\mathrm{E}[m \cdot X] = \sum_{s=1}^{S} p_s \cdot \left(X_s \cdot \frac{q_s}{p_s} \right) = \sum_{s=1}^{S} X_s \cdot q_s = (1 + r_f) p(X).$$

Umgestellt ergibt dies

$$p(X) = \frac{\mathrm{E}[X \cdot m]}{1 + r_f}. \tag{14}$$

Diese Aussage zeigt, dass wir den Preis eines beliebigen Wertpapiers X nicht nur mit risikoneutralen Wahrscheinlichkeiten, sondern auch mit Hilfe des daraus zu konstruierenden Preisportfolios m ausdrücken können.

Arbitragefreiheit mit Basiswertpapieren   Alle unsere bisherigen Überlegungen galten für das Modell, bei dem die Zustände explizit benannt werden konnten. Wir können davon ausgehen, dass diese Ideen aber auch in dem Modell, in dem es Basiswertpapiere gibt, formuliert werden können. Allerdings können wir nicht auf die Gleichung (14) zurückgreifen, weil dort ein Produkt von Wertpapieren benutzt wird und wir hatten auf Seite 11 erkannt, dass dieses Produkt bei bekannten Zuständen und bei Basiswertpapieren anders gehandhabt werden muss. Wir hatten dazu in Gleichung (2) deutlich gemacht, dass das Produkt zweier Wertpapiere auch durch eine Kovarianz und Erwartungswerte dargestellt werden kann. Insofern gibt es auch im Modell von Basiswertpapieren ein Preisportfolio m derart, dass für alle Portfolios X gilt

$$p(X) = \frac{\mathrm{Cov}[m,X] + \mathrm{E}[m]\,\mathrm{E}[X]}{1 + r_f}. \tag{15}$$

Diese Gleichung stimmt inhaltlich vollständig mit der Aussage (14) überein; sie ist mathematisch deshalb anders formuliert, weil wir mit Basiswertpapieren ein mögliches Produkt zweier Wertpapiere $m \cdot X$ etwas umständlicher definieren müssen.

Eigenschaften des Preisportfolios Die nachfolgenden Überlegungen gelten sowohl für das Zustandsmodell als auch das Modell mit Basiswertpapieren.

Setzt man für X das risikolose Asset ein (welches einen Erwartungswert von eins besitzt), so ergibt sich aus unseren Überlegungen (14) oder (15)

$$\frac{1}{1+r_f} = p(\mathbf{1}) = \frac{\mathrm{E}[m]}{1+r_f} \quad \Longrightarrow \quad \mathrm{E}[m] = 1. \tag{16}$$

Zudem kann man sich klarmachen, dass das Preisportfolio niemals risikolos ist, mithin also $\mathrm{Var}[m] \neq 0$. Denn anderenfalls wäre ja m eine Zahl, die wegen der Gleichung (16) eins wäre und wir hätten wegen (14) oder (15)

$$p(X) = \frac{\mathrm{E}[X]}{1+r_f} \quad \Longrightarrow \quad r_f = \frac{\mathrm{E}[X]}{p(X)} - 1$$

für jedes Asset X folgen würde. Das hieße aber, dass die Renditen aller Assets identisch der risikolosen Verzinsung sind – dies werden wir in unserem Modell ausschließen können.

4.2 Wertpapiermarktlinie

> **Lernziel:** Die Wertpapiermarktlinie gilt als eine der Implikationen des CAPM. Wir zeigen in diesem Abschnitt (bevor wir überhaupt Gleichgewichte einführen), dass sie eher gleichbedeutend zur Arbitragefreiheit ist.

In vielen Lehrbüchern wird als eine der wichtigsten Ergebnisse des CAPM die Wertpapiermarktlinie erwähnt. Diese Wertpapiermarktlinie ist so populär, dass beispielsweise wichtige Finanzseiten auf dem Internet (etwa yahoo finance) mitteilen, wie hoch das Beta – die wichtigste Kenngröße der Wertpapiermarktlinie – ist. Wir wollen uns zuerst mit dieser Wertpapiermarktlinie beschäftigen.

Üblicherweise wird die Wertpapiermarktlinie aus dem CAPM, einem Gleichgewichtsmodell hergeleitet. Wir glauben aber, dass eine solche Herleitung nicht deutlich genug macht, was die Aussage der Wertpapiermarktlinie bedeutet. Vielmehr ist es so, dass die Wertpapiermarktlinie in gewisser Hinsicht dem Fundamentalsatz der Preistheorie äquivalent ist. Beide treffen also eine identische Aussage über das Preissystem einer Wirtschaft.

Wir gehen in diesem Kapitel aus von einem Modell, in dem es Basiswertpapiere gibt. Allerdings gelten die Aussagen auch dann, wenn man sich einem Modell mit Zuständen zuwendet, selbst die Beweise können fast unverändert übernommen werden.

Wir beweisen zuerst folgende Aussage. Dazu sei m das Preisportfolio aus der Arbitragetheorie, das wir auf Seite 33 behandelt haben.

Satz 4.1 (Fundamentalsatz $\Longrightarrow$ Wertpapiermarktlinie). *Wenn Preise arbitragefrei sind, dann gilt für alle Portfolios X die Gleichung*

$$\mathrm{E}[r_X] = r_f + (\mathrm{E}[r_m] - r_f) \cdot \beta_X, \tag{17}$$

wobei das Beta durch die Beziehung

$$\beta_X = \frac{\mathrm{Cov}[r_X, r_m]}{\mathrm{Var}[r_m]}$$

definiert ist.

Beweis: Wir gehen aus von (15)[32] und stellen die Gleichung um:

$$p(X) = \frac{\mathrm{E}[X] \cdot \mathrm{E}[m] + \mathrm{Cov}[X, m]}{1 + r_f} \qquad\qquad \text{siehe (15)}$$

$$1 + r_f = \frac{\mathrm{E}[X]}{p(X)} \cdot \mathrm{E}[m] + \mathrm{Cov}\left[\frac{X}{p(X)}, m\right] \qquad\qquad \text{Division Preis } p(X)$$

$$r_f = \frac{\mathrm{E}[X]}{p(X)} - 1 + \mathrm{Cov}\left[\frac{X}{p(X)}, m\right] \qquad\qquad \text{(16), 1 nach rechts}$$

$$r_f = \mathrm{E}[r_X] + \mathrm{Cov}\left[r_X, m\right] \qquad\qquad \text{Def. erwartete Rendite}$$

$$r_f = \mathrm{E}[r_X] + \mathrm{Cov}\left[r_X, r_m\right] \cdot p(m) \qquad\qquad \text{erweitern mit } p(m)$$

Diese Gleichung gilt für alle X. Also gilt sie auch für $X = m$ und so setzen wir erneut ein

$$r_f = \mathrm{E}[r_m] + \mathrm{Var}\left[r_m\right] p(m).$$

Wir stellen nach $p(m)$ um und setzen das in die obere Gleichung ein und erhalten

$$r_f = \mathrm{E}[r_X] + \mathrm{Cov}\left[r_X, r_m\right] \frac{r_f - \mathrm{E}[r_m]}{\mathrm{Var}\left[r_m\right]}.$$

Wir stellen die letzte Gleichung ein wenig um,

$$r_f = \mathrm{E}[r_X] + (r_f - \mathrm{E}[r_m]) \frac{\mathrm{Cov}\left[r_X, r_m\right]}{\mathrm{Var}\left[r_m\right]}$$

oder unter Verwendung der Definition von Beta

$$r_f = \mathrm{E}[r_X] + (r_f - \mathrm{E}[r_m]) \beta_X.$$

Das ist die Behauptung. $\blacksquare$

---

32. Wir hatten deutlich gemacht, dass diese Aussage gleichbedeutend ist zur Gleichung (14). Da wir uns hier im Modell mit Basiswertpapieren befinden, verwenden wir aber (15).

Es ist eine Anmerkungen zur Interpretation des Ergebnisses angebracht. Zuerst erkennen wir, dass sich die erwartete Rendite eines Portfolios X immer aus zwei Komponenten zusammensetzt: dem risikolosen Zins und einem Aufschlag (oder, bei negativem Beta einem Abschlag) für das Risiko des Portfolios. Dieser Risikoaufschlag aber orientiert sich *nicht* an der Varianz des Portfolios X. Warum nicht? Würde er es tun, dann würde jeder, der die Unsicherheit einer Zahlung beispielsweise durch Ineffizienzen in einer Produktionsstätte erhöht, dafür einen Risikoaufschlag beanspruchen können. Ein Risikoaufschlag sollte an einem Markt aber nur für sinnvolles, nicht zu beseitigendes Risiko gezahlt werden.

Man spricht auch von *systematischem Risiko*, das an einem Markt – im Gegensatz zum unsystematischen Risiko – auch durch geschicktes Agieren nicht vernichtet werden kann. Das systematische Risiko wird nun zum einen durch die Differenz aus erwarteter Marktrendite und risikolosem Zins und zum anderen durch das Beta gemessen. Das Beta eines Portfolios soll die Menge des systematischen Risikos dieses Portfolios zum Ausdruck bringen. Dieses systematische Risiko wird durch die Kovarianz der Rendite des Portfolios r_X mit dem Preisportfolio ermittelt.

Wir haben im vorigen Satz bewiesen, dass aus dem Fundamentalsatz die Wertpapiermarktlinie folgt. Es gilt aber noch mehr. Wir werden mit dem nächsten Satz beweisen, dass in gewisser Hinsicht eine Umkehrung richtig ist. Wenn die Wertpapiermarktlinie erfüllt ist, kann man daraus schließen, dass das Portfolio m die Eigenschaften aufweist, die man beim Fundamentalsatz unterstellt.

Diese Aussage muss jedoch eingeschränkt werden, was mit der Formulierung der Wertpapiermarktlinie zusammenhängt. Beim Fundamentalsatz ist das Preisportfolio m eindeutig. Es kann nicht verschiedene ms geben, die den Fundamentalsatz erfüllen können.[33] Bei der Wertpapiermarktlinie ist dagegen das verwendete m keineswegs eindeutig bestimmt. Denn die Wertpapiermarktlinie äußert sich ausschließlich zu Renditen! Würde man in der Wertpapiermarktlinie das verwendete m durch sein Vielfaches, zum Beispiel $2m$ oder $4m$ ersetzen, so bliebe die Aussage erhalten, da die Renditen der drei Assets m, $2m$ oder $4m$ identisch sind (sowohl die erwarteten Rückflüsse als auch die Preise vervielfachen sich mit dem gewählten Faktor). Neben der Vervielfachung gilt sogar noch mehr: Die Aussage der Wertpapiermarktlinie bleibt auch dann für alle X gültig, wenn wir m durch die Linearkombination $a \cdot m + b \cdot B^1$ ersetzen.[34] Daher können wir nicht erwarten, dass bei Gültigkeit der Wertpapiermarktlinie sich genau das Preisportfolio ergibt; vielmehr stellt sich eine Linearkombination zwischen Preisportfolio und dem risikolosen Asset ein. Das zeigt sich in folgender Aussage.

---

33. Diese Aussage ist wieder etwas unpräzise, Details erklären wir in *Derivate und ihre Bewertung*. Zumindest bei so genannten vollständigen Märkten ist m eindeutig bestimmt.
34. Dies zeigen wir in den Übungsaufgaben.

Satz 4.2 (Wertpapiermarktlinie $\implies$ Fundamentalsatz). *Angenommen, es gilt alle Portfolios X die Gleichung*

$$\mathrm{E}[r_X] = r_f + (\mathrm{E}[r_m] - r_f) \cdot \beta_X,$$

wobei das Beta durch die Beziehung

$$\beta_X = \frac{\mathrm{Cov}[r_X, r_m]}{\mathrm{Var}[r_m]}$$

definiert ist.

Dann gilt der Fundamentalsatz der Preistheorie für ein Preisportfolio, das wir hier mit m' bezeichnen. m' und m unterscheiden sich nur durch das risikolose Asset (mathematisch präzise: m' ist eine Linearkombination aus m und dem risikolosen Asset B^1).

Beweis: Wir formen die Wertpapiermarktlinie um und verwenden dazu nur die Definition einer Rendite, $r_X = \frac{\mathrm{E}[X]}{p(X)} - 1$,

$$\mathrm{E}[r_X] - r_f = (\mathrm{E}[r_m] - r_f) \frac{\mathrm{Cov}\,[r_X, r_m]}{\mathrm{Var}\,[r_m]}$$

$$\frac{\mathrm{E}[X]}{p(X)} - (1 + r_f) = \frac{\mathrm{E}[r_m] - r_f}{p(X)} \frac{\mathrm{Cov}\,[X, r_m]}{\mathrm{Var}\,[r_m]}$$

$$\mathrm{E}[X] - (1 + r_f)p(X) = \frac{\mathrm{E}[r_m] + 1 - (1 + r_f)}{\mathrm{Var}[r_m]} \mathrm{Cov}\,[X, r_m]$$

$$p(X) = \frac{\mathrm{E}[X] - \frac{\frac{\mathrm{E}[m]}{p(m)} - (1 + r_f)}{\mathrm{Var}[r_m]} \mathrm{Cov}\,[X, r_m]}{1 + r_f}.$$

Zuletzt erweitern wir den rechten Term im Zähler mit dem Preis $p(m) \cdot p(m)$,

$$p(X) = \frac{\mathrm{E}[X] - \frac{\mathrm{E}[m] - (1 + r_f)p(m)}{\mathrm{Var}[m]} \mathrm{Cov}\,[X, m]}{1 + r_f}. \tag{18}$$

Man erkennt, dass der Preis aufgrund der letzten Gleichung linear ist. Für zwei verschiedene Portfolios X und Y ist die Beziehung $p(X + Y) = p(X) + p(Y)$ sowie für reelle Zahlen a die Relation $p(aX) = ap(X)$ erfüllt, weil in (18) das zu bewertende Portfolio X rechts nur linear eingeht. Die beiden genannten Gleichungen waren Voraussetzung für den Fundamentalsatz. Mithin gibt es ein Portfolio m', so dass mit dem Zerlegungssatz gilt

$$p(X) = \frac{\mathrm{E}[m'X]}{1 + r_f} = \frac{\mathrm{E}[m']\,\mathrm{E}[X] + \mathrm{Cov}[m', X]}{1 + r_f}. \tag{19}$$

Um den Satz zu beweisen fehlt nur noch der Nachweis, dass m und m' sich nur um das risikolose Asset B^1 unterscheiden. Das zeigen wir unter Verwendung von (18) und (19), denn danach gilt für alle X

$$p(X) = p(X) \quad \Longrightarrow \quad \frac{\mathrm{E}[X] + \mathrm{Cov}[m',X]}{1+r_f} = \frac{\mathrm{E}[X] - \mathrm{Cov}\left[X, \frac{\mathrm{E}[m]-(1+r_f)p(m)}{\mathrm{Var}[m]}m\right]}{1+r_f}$$

und damit

$$0 = \mathrm{Cov}\left[X, m' + \underbrace{\frac{\mathrm{E}[m] - (1+r_f)p(m)}{\mathrm{Var}[m]}}_{=:c}\, m\right].$$

Diese Gleichung gilt für alle X. Also können wir beispielsweise auch $X = bm' + cm$ einsetzen und es stellt sich heraus, dass dieses Portfolio eine Varianz von null aufweist – mithin also gleich einer Konstanten ist,

$$m' + c\,m = \mathrm{const} \cdot B^1$$

und damit ist auch m eine Linearkombination aus m' und dem risikolosen Asset.[35] ∎

In einer Übungsaufgabe vertiefen wir diesen Zusammenhang. Wir fügen das risikolose Asset short sowie long dem Preisportfolio hinzu. Auf diese Weise entsteht ein neues Preisportfolio m' und wir zeigen, dass dadurch die Marktrisikoprämie ($\mathrm{E}[r_{m'}] - r_f$) sowie der Betafaktor β_X beliebig stark aufgebläht werden kann oder schrumpft, ohne die Gültigkeit der Wertpapiermarktlinie zu verletzen (Aufgabenset 1). Diese Erkenntnis zeigt uns, dass die Wertpapiermarktlinie das Preisportfolio nicht vollkommen eindeutig bestimmt. Sowohl das Preisportfolio m als auch eine (konvexe) Linearkombination von m und dem risikolosen Asset erfüllen die Wertpapiermarktlinie. Wer sich also bei empirischen Untersuchungen der Wertpapiermarktlinie bedient, um das Preisportfolio zu bestimmen, muss Mittel und Wege finden, um es eindeutig identifizieren zu können.[36]

Eine weitere Bemerkung ist angebracht. Wertpapiermarktlinie und Fundamentalsatz eint, dass beide die Marktpreise aller Titel durch ein einziges, besonderes Portfolio beschreiben:

- Beim Fundamentalsatz führt man alle Preise auf eine Gleichung zurück, die neben X das Preisportfolio m enthält. Wer m kennt, kann jedes Asset bewerten.

- Dies gilt aber auch für die Wertpapiermarktlinie: Wenn die Wertpapiermarktlinie gilt und das Asset m bekannt ist, kann man den Preis eines jeden Portfolios X bestimmen.

---

35. Für den letzten Schritt muss man durch c dividieren und wissen, dass c nicht null ist. Das beweisen Sie in einer der Übungsaufgaben.
36. In allen empirischen Studien der Wertpapiermarktlinie wird unterstellt, dass m das Marktportfolio sein soll. Man verwendet dann einen Aktienindex, um dieses m abzubilden.

Daher ist es intuitiv, dass Wertpapiermarktlinie und Fundamentalsatz logisch gleichwertige Aussagen darstellen. Abbildung 3 verdeutlicht diese Beziehung noch einmal graphisch; alle drei Elemente der Grafik beschreiben dasselbe.

Abbildung 3: Arbitragefreiheit, Wertpapiermarktlinie und Fundamentalsatz treffen identische Aussagen über Preise an einem Markt, wobei m' eine Linearkombination aus m und dem risikolosen Asset sein muss (also in gewissem Sinne "identisches" Risiko enthält).

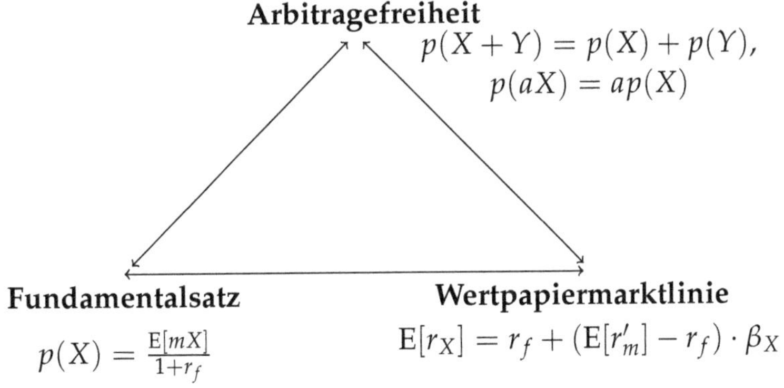

HANSEN-JAGANNATHAN-BOUND Wir wollen eine letzte Schlussfolgerung aus der Wertpapiermarktlinie ziehen, die in der Literatur nach ihren Entdeckern Hansen-Jagannathan-Grenze benannt ist. Dazu gehen wir aus von der Kovarianz der Renditen r_X und r_m und nutzen aus, dass diese Kovarianz höchstens so groß ist wie das Produkt der Standardabweichungen (in diesem Fall wäre die Korrelation beider Renditen gleich eins),

$$\mathrm{Cov}[r_X, r_m] \leq \sqrt{\mathrm{Var}[r_X]}\sqrt{\mathrm{Var}[r_m]}.$$

Setzen wir dies in die Wertpapiermarktlinie (17) ein, so erhalten wir für Portfolios, die nicht risikolos sind[37]

$$\mathrm{E}[r_X] \leq r_f + (\mathrm{E}[r_m] - r_f) \cdot \frac{\sqrt{\mathrm{Var}[r_X]}\sqrt{\mathrm{Var}[r_m]}}{\mathrm{Var}[r_m]}$$

oder umgestellt

$$\frac{\mathrm{E}[r_X] - r_f}{\sqrt{\mathrm{Var}[r_X]}} \leq \frac{\mathrm{E}[r_m] - r_f}{\sqrt{\mathrm{Var}[r_m]}}. \tag{20}$$

37. Wir setzen hier voraus, dass die Rendite des Preisportfolios größer als der risikolose Zins ist – anderenfalls würde man die Aussage verwenden, dass die Korrelation beider Renditen größer als -1 ist und käme zum gleichen Ergebnis.

    Die nachfolgende Rechnung kann man nur für nicht risikolose Portfolios vornehmen, weil man anderenfalls durch $\sqrt{\mathrm{Var}[r_X]} = 0$ dividieren würde.

Die linke Seite entspricht der so genannten Sharpe-Ratio eines beliebigen Portfolios
X. Diese Sharpe-Ratio beschreibt das Verhältnis aus Ertrag eines Portfolios (gemessen durch die Überrendite $r_X - r_f$) und dem Risiko eines Portfolios (gemessen durch die Standardabweichung der Rendite r_X). Die Ungleichung (20) besagt, dass diese Sharpe-Ratio eine obere Grenze besitzt, die durch das Preisportfolio bestimmt wird. Das Verhältnis aus Ertrag und Risiko eines Portfolios kann also nicht beliebig gesteigert werden, sondern ist nach oben beschränkt. Mit anderen Worten:

– Wer den Ertrag eines Portfolios vorgibt, wird ein bestimmtes Risiko nicht unterschreiten können.

– Wer das Risiko eines Portfolios vorgibt, wird einen bestimmten Ertrag nicht überschreiten können.

4.3 EMPIRISCHE TESTS DER WERTPAPIERMARKTLINIE (FAMA-FRENCH)

Wir wollen uns nun den empirischen Tests der Wertpapiermarktlinie (17) zuwenden. Die Wertpapiermarktlinie ist ein Einperioden-Modell, das keine Aussagen über nachfolgende Zeitpunkte trifft. Wenn man es dennoch empirisch testet, so muss man davon ausgehen, dass es für mehrere Perioden Gültigkeit hat und die Parameter des Modells stabil bleiben. Das werden wir von nun an unterstellen.

Weiter ist festzuhalten, dass eine empirische Ermittlung von fairer Renditen nicht ohne Weiteres mit der Wertpapiermarktlinie möglich ist. Zwar erscheint auf der linken Seite der Gleichung der Erwartungswert $E[r_X]$, aber auch rechts geht im β die Rendite des zu bestimmenden Wertpapiers ein. Insofern kann man die Gleichung für empirische Beobachtungen nur verwenden, wenn man für die Größen auf der rechten Seite historische Daten nutzt, um damit eine Abschätzung für die erwartete Rendite (also den Ausdruck auf der linken Seite) zu gewinnen.

Wir haben in der Theorie als Definition für die Rendite die diskrete Form verwendet,

$$r_X = \frac{E[X]}{p(X)} - 1.$$

Will man den Durchschnitt von diskreten Renditen bestimmen, so kann man sich nicht des arithmetischen Mittels bedienen. Ein einfaches Beispiel soll das illustrieren. Wir beobachten eine Aktie an drei Zeitpunkten. Die Aktie möge zuerst 100 Wert sein, dann 200 und danach wieder 100. Über die zwei Perioden hinweg kam es also nicht zu einer Wertsteigerung. Jedoch beträgt die diskrete Rendite in der ersten Periode 100% und in der zweiten -50% – der Durchschnitt beider Werte wäre 25% und damit größer als null! Der Fehler liegt darin begründet, dass man bei diskreten Renditen

einen geometrischen und keinen arithmetische Durchschnitt wählen muss, der dann
in der Tat das richtige Ergebnis liefern würde

$$\sqrt[2]{(1 + 100\%) \cdot (1 - 50\%)} = 1 + 0\%.$$

Da Datenbankanbieter nicht immer geometrische Durchschnitte zur Verfügung stellen und deren Berechnung wegen der n-ten Wurzel auch (früher) nicht ganz elementar war, nutzt man in der empirischen Literatur sehr oft Log-Renditen,

$$R_X = \ln\left(\frac{E[X]}{p(X)}\right).$$

Diese Rendite unterscheidet sich für kleine Renditen wenig von der diskreten, weil in
erster Näherung (Taylor-Reihe) ja gilt

$$\ln(x) \approx \ln(1) + \underbrace{\frac{1}{1}}_{=(\ln)'(1)} (x - 1) = x - 1$$

gilt (links steht die Ln-Rendite, rechts die diskrete Rendite). Allerdings kann man,
im Gegensatz zur diskreten Rendite, beim Logarithmus durchaus das arithmetische
Mittel bilden und kommt zu korrekten Ergebnissen. Unser Beispiel oben zeigt das:

$$\ln\left(\frac{200}{100}\right) = 69{,}3\%, \quad \ln\left(\frac{100}{200}\right) = -69{,}3\% \quad \Longrightarrow \quad \varnothing = 0\%.$$

Weiter ist es so, dass in der empirischen Literatur grundsätzlich nicht Renditen,
sondern Überrenditen untersucht werden. Man bringt bei der Rendite immer den
risikolosen Zins zum Abzug. Das entsprechende Symbol erhält, um dies deutlich zu
machen, dann ein kleines e – wenn die Rendite R_X war, lautet das Symbol für die
Überrendite $R_X^e = R_X - r_f$.

Nun zu den Zielen einer empirischen Analyse. Dabei verwendet man als Proxy für
das Preisportfolio immer das Marktportfolio, also die Gesamtmenge aller am Markt
gehandelten Aktien. Warum das auch aus theoretischen Gründen so sein muss, werden wir erst im Kapitel über das CAPM verstehen. Des weiteren verwendet man statt
der Gesamtmenge einen möglichst großen Aktienindex. Wir verwenden daher im
Folgenden statt m den Großbuchstaben M.

Die Wertpapiermarktlinie (17) lautet in der Überrenditen-Schreibweise

$$E[r_X^e] = E[r_M^e] \cdot \beta_X. \tag{21}$$

Wenn genügend Daten vorliegen, kann man die linke Seite durch einen arithmetischen Durchschnitt vergangener Renditen und die rechte Seite durch das Produkt aus

Markt-Überrendite und Betafaktor schätzen. Die Behauptung wäre dann, dass Überrenditen eines Assets X immer mit entsprechend höherem Betafaktor β_X (also entsprechend höherem systematischem Risiko) einhergehen. Andere Faktoren wie Handelsvolumen, Unternehmenscharakteristika, Standort, Anzahl der Mitarbeiter, Medienberichterstattung usw. spielen keine Rolle. Das zugrunde liegende Datenmodell muss zuerst die Tatsache würdigen, dass wir nicht einen, sondern mehrere Werte aus vergangenen Zeitpunkten $t = 1,\ldots,T$ besitzen. Zuerst wird üblicherweise immer eine lineare Regression über die Zeitreihe vorgenommen. Die entsprechende Relation lautet dann:

$$r^e_{Xt} = \alpha_X + r^e_{Mt} \cdot \beta_{Xt} + \varepsilon_{Xt}. \tag{22}$$

Das Datenmodell untersucht also eine CAPM-Wertpapiermarktlinie sowohl hinsichtlich der Zeitachse t, hinsichtlich eines Unternehmens und einem von der Zeit abhängigen Störterm ε_{Xt} sowie einer Größe α_X. Diese Größe ist ein unternehmensspezifischer Achsenabschnitt, der angibt, wie viel der tatsächlichen Überrendite eben nicht durch das systematische Risiko erklärt werden kann.

Es gibt bei einer linearen Regression mehrere Gütekriterien, die man beachten kann.

Signifikanztests der Koeffizienten klären, ob man davon ausgehen kann, dass die Parameter wirklich verschieden von null sind. Ein hoher t-Wert für β_X zeigt an, dass dieser Wert vermutlich von null verschieden ist. Ein solcher t-Test ist aber beim Beta-Koeffizienten *verfehlt*: Aus der Theorie folgt nicht, dass kleine Betawerte oder gar Betawerte von null nicht auftreten dürfen. Im Gegenteil, ein $\beta = 0$ ist durchaus für eine Aktie möglich. Dann darf aber auch der entsprechende Regressionskoeffizient null sein und ein t-Test liefe ins Leere.

In der empirischen Literatur werden Signifikanztests insbesondere bei der Faktoranalyse angewandt. Dabei geht es um die Frage, ob ein Risikofaktor einen (signifikanten) Beitrag zur Marktrisikoprämie leistet. Diese Literatur hat aber das CAPM bereits hinter sich gelassen und arbeitet ohne modelltheoretische Grundlage.

R^2 gibt an, wie viel der Variation durch die zu erklärende Variablen auch tatsächlich erklärt wird. In der Regression (22) spielt die Höhe des R^2 nur eine untergeordnete Rolle. Die Variation der Variablen ist wichtig, aber nicht zentrales Thema der Regression.

α Es kommt vielmehr entscheidend darauf an nachzuprüfen, inwieweit der Achsenabschnitt α_X null ist – denn dann und nur dann kann man sich sicher sein, dass das Kapitalmarktmodell (17) die beobachteten Daten wirklich erklärt. Daher geht es bei einer Regression in erster Linie darum zu klären, ob man sämtliche Quellen des Risiko entdeckt hat, weniger aber darum, wie genau man die Variabilität dieses Risikos beschreiben konnte.

Bei der Frage, ob die (erwarteten) Renditen einzig und proportional mit der Höhe des systematischen Risikos in Verbindung stehen, werden nun drei Ansätze zur Untersuchung von (21) verfolgt. Alle drei weichen leicht voneinander ab, weisen jedoch auch Gemeinsamkeiten auf.

ZEITREIHENREGRESSIONSANSATZ   Bei diesem Ansatz steht die Frage im Vordergrund, ob das Modell korrekt ist und die Achsenabschnitte α_X alle gleich null sein. Dieser Achsenabschnitt ist der Modellfehler, den es zu bestimmen gilt. Dabei kann man diesen Fehler aber nicht für jedes Wertpapier einzeln bestimmen: Das CAPM behauptet, dass die Wertpapiermarktlinie für *alle* Wertpapiere gemeinsam gilt! Daher muss der Test, den es durchzuführen gilt, nicht auf $\alpha_X = 0$ wie bei einer einfache Zeitreihenregression lauten, sondern auf

$$H_0: \qquad \alpha_2 = \alpha_3 = \ldots = \alpha_S = 0.$$

Lange Zeit war nicht klar, welche Teststatistik hier angewandt werden kann; dies haben Gibbons/Ross/Shanken 1989 erst klären können (so genannte GRS-Statistik).

QUERSCHNITTSREGRESSIONSANSATZ   Jetzt wird in mehreren Schritten vorgegangen. Zuerst wird für jedes Asset ein Betafaktor geschätzt, wir bezeichnen die dabei erhaltenen Größen mit $\hat{\beta}_s$ für $s = 1, \ldots, S$, da es sich bereits um Schätzgrößen handelt. Im nächsten Schritt wird geprüft, ob diese Betas tatsächlich die erwartete Rendite erklären. In der folgenden Schätzgleichung werden diese erwarteten Renditen dann durch den Durchschnitt bisheriger Renditen geschätzt, daher schreiben wir an dieser Stelle $\bar{R}_s^e$:

$$\bar{R}_s^e = \gamma_0 + \gamma_1 \hat{\beta}_{sM} + \alpha_s.$$

Wieder erkennt man die Fehlerterme α_s, die nach der Theorie null zu sein haben. Die Parameter γ_0, γ_1 ergeben sich jetzt aus der Regression selbst und werden nicht durch Daten des Marktportfolios bestimmt.

FAMA-MACBETH-ANSATZ   Dieser Ansatz ähnelt der Querschnittsregression. Es wird für jeden Zeitpunkt regressiert und Fama-MacBeth verwenden eine Regression auf die Betas der Vorperiode:[38]

$$\bar{R}_{st}^e = \gamma_{0t} + \gamma_{1t} \hat{\beta}_{sMt} + \alpha_{st}.$$

Fama-MacBeth können so zeitlich veränderbare Betafaktoren in den Griff bekommen.

---

38. Fama versuchte so das Problem der Autokorrelation der Renditen zu umgehen, das einer simplen OLS im Wege steht.

Man kann die bisherigen Untersuchungen zum CAPM wie folgt zusammenfassen. Unabhängig davon, welches konkrete Vorgehen man durchführt, wird die Wertpapiermarktlinie abgelehnt. In der Literatur hat sich dafür der Begriff der Anomalie eingebürgert und inzwischen gibt es eine Fülle von Anomalien. Unklar ist, ob es sich bei diesen Anomalien ob Singularitäten einzelner Datenerhebungen handelt oder ob hier grundsätzliche Probleme vorliegen. Die bekanntesten und robusten Anomalien sind die folgenden:

- Einige Finanzkennzahlen (Börsenkapitalisierung, Kurs-Buchwert-Verhältnis o.Ä.) stehen in einem positiven Zusammenhang zur Aktienrendite ("Größeneffekte").

- Die Renditen der vergangenen ein bis vier Quartale stehen in einem positiven Zusammenhang zu zukünftigen Rendite ("Momentumeffekt").

- Die Profitabilität eines Unternehmens steht in positiver Relation zur Rendite. Die Höhe der Investitionen steht dagegen in negativer Relation zur Rendite.

- Die Handelsliquidität steht in einem negativen Zusammenhang zur Aktienrendite.

Fama und French haben in einer Arbeit 1992 (eine der am häufigsten zitierten Veröffentlichungen in der Finanzwirtschaft) mehrere derartige Anomalien beschrieben und einen Weg eingeschlagen, der heute in der empirischen Forschung typischerweise verfolgt wird. Dabei werden die Renditen nicht allein aus dem Marktrisiko hergeleitet, sondern es werden mehrere *Faktoren* spezifiziert, die für die Preisbildung am Markt verantwortlich sind. Damit können regelmäßig über 90% der Zeitreihenvariationen von realisierten Renditen erklärt werden ($R^2 > 90\%$). Ebenso kann man über 80% der querschnittlichen Differenzen von erwarteten Renditen erklären. Bis heute ist es aber nicht gelungen, diese empirischen Modelle durch theoretische Überlegungen zu untermauern.

4.4 DEFINITION CAPM, TOBIN-SEPARATION UND WERTPAPIERMARKTLINIE ERNEUT

Wir gehen davon aus, dass alle Investoren bezüglich der gehandelten Basistitel dieselben Erwartungen besitzen, die Erwartungswerte und Kovarianzen der Wertpapierzahlungen also für alle Investoren identisch sind. Weiter weisen alle Investoren Nutzenfunktionen $V^i(\mathrm{E}[X], \mathrm{Var}[X])$ auf, die die üblichen Eigenschaften der Ableitungen nach der ersten und zweiten Variablen besitzen. Die Menge des Gesamtangebots aller Wertpapiere wird als Marktportfolio

$$M = \overline{X}$$

bezeichnet.

Unser Gleichgewichtsmodell geht zurück auf Arbeiten von William Sharpe, der dieses Modell "Capital Asset Pricing Model" (CAPM) nannte.

Definition 4.3 (CAPM–Gleichgewicht)*. Ein CAPM-Gleichgewicht ist ein allgemeines Gleichgewicht, bei dem die Nutzenfunktionen der Investoren vom μ-σ-Typ sind,*

$$U(X) = f(\mathrm{E}[X], \mathrm{Var}[X]),$$

wobei der Nutzen im Erwartungswert wächst und in der Varianz fällt.

Das Gleichgewicht ist wieder durch zwei Bedingungen charakterisiert: Investoren maximieren ihre μ-σ–Nutzenfunktion und die Märkte räumen. Wir wollen uns jetzt fragen, welche Konsequenzen in einem CAPM–Gleichgewicht gelten.

Es folgt die Tobin-Separation.

Satz 4.4 (Tobin–Separation im CAPM)*. In einem CAPM–Gleichgewicht halten alle Investoren unabhängig von der konkreten Nutzenfunktion und der Erstausstattung einen Anteil am Marktportfolio sowie das risikolose Asset.*

Beweis: Wir zeigen zuerst, dass jede Investorin nur risikoloses Asset und das Preisportfolio hält und keine weiteren Portfolios oder Assets in ihrem optimalen Portfolio besitzt. Diese Aussage gilt unabhängig davon, wie arm oder reich oder wie risikoscheu die Investorin ist.

Lemma *Das optimale Portfolio einer jeden Investorin besteht nur aus zwei Teilen: Dem risikolosen Asset und dem Preisportfolio.*

Zum Beweis des Lemmas. Dabei bezeichnen wir das optimale Portfolio der Investorin mit X^*. Wir haben zu zeigen, dass dieses optimale Portfolio X^* sich in drei Teile zerlegen lässt: das risikolose Asset, das Preisportfolio und ein "Rest" Y. Die Zerlegung ist dabei so, dass dieser Rest Y wichtige Eigenschaften aufweist. Er besitzt einen Erwartungswert von null und einen Preis von null, $\mathrm{E}[Y] = 0$ sowie $p(Y) = 0$. Wir suchen mithin eine Darstellung der Form

$$X^* = a \cdot \mathbf{1} + b \cdot m + Y. \tag{23}$$

Wir werden nun Koeffizienten a und b so finden können, dass die gerade genannten Eigenschaften von Y tatsächlich erfüllt sind. Um zu zeigen, dass dies gelingt, werden wir die Eigenschaften für den Rest Y in Aussagen umschreiben, die nur noch die Koeffizienten a und b enthalten.

Zuerst bilden wir in (23) den Erwartungswert, also

$$\mathrm{E}[X^*] = \mathrm{E}\left[a \cdot \mathbf{1} + b \cdot m + Y\right]$$
$$= a + b\,\mathrm{E}[\mathbf{1}m] + \mathrm{E}[Y]$$

Wir nutzen die Aussage (16). Danach ist $\mathrm{E}[m] = 1$ und, weil Y verschwindenden Erwartungswert haben soll, damit

$$\mathrm{E}[X^*] = a + b. \tag{24}$$

Wenn Gleichung (24) erfüllt ist, hat der Rest Y einen Erwartungswert null.

Im nächsten Schritt bilden wir in (23) das Produkt mit dem Preisportfolio und ermitteln erneut den Erwartungswert:

$$\mathrm{E}[m \cdot X^*] = \mathrm{E}\left[m\big(a \cdot \mathbf{1} + b \cdot m + Y\big)\right]$$
$$= a\,\mathrm{E}[m] + b\,\mathrm{E}[m \cdot m] + \mathrm{E}[mY].$$

Wieder gilt $\mathrm{E}[m] = 1$ (wegen (16)). Zudem ist die linke Seite nach (14) gleich dem Preis $(1 + r_f)p(X^*)$.

Und der Preis von Y soll null sein, also muss nach (14) der Erwartungswert $\mathrm{E}[m \cdot Y] = 0$. Das ergibt

$$(1 + r_f)p(X^*) = a + b\,\mathrm{E}[m \cdot m]. \tag{25}$$

Wenn (25) erfüllt ist, ist die Korrelation zwischen Y und m gleich null.

Unsere Zerlegung in Gleichung (23) ist dann erfolgreich (d.h. Y weist die von uns geforderten Eigenschaften auf), wenn wir zeigen können, dass die beiden Gleichungen (24) und (25) überhaupt eine Lösung in den Variablen a und b haben. Denn dann sind auch die Bedingungen an den Rest Y automatisch erfüllt.

Die beiden genannten Gleichungen (24) und (25) bilden ein lineares Gleichungssystem mit zwei Variablen und wir wissen, dass eine Lösung genau dann existiert, wenn die Koeffizientenmatrix eine von null verschiedene Determinante besitzt. Die Determinante ist aber

$$\mathrm{E}[m \cdot m] - 1 \neq 0.$$

Das können wir wegen $\mathrm{E}[m] = 1$ auch schreiben als

$$\mathrm{Var}[m] = \mathrm{E}[m \cdot m] - \mathrm{E}[m]^2 \neq 0$$

und wir hatten zu Beginn unserer Vorlesung vorausgesetzt, dass die Varianz von m ungleich null sein muss (Seite 35)!

Damit ist jetzt klar, dass jedes Portfolio X^* immer in drei Teile zerfällt: risikoloses Asset, Preisportfolio und "Rest" Y. Weiter wissen wir, dass dieser Rest folgende Eigenschaften besitzt:

1. Er liefert im Erwartungswert keinen Ertrag, denn $E[Y] = 0$.

2. Er kostet nichts, denn $p(Y) = 0$.

3. Er erhöht aber die Varianz des gesamten Portfolios. Um dies zu zeigen, muss man nur die Kovarianz zum Preisportfolio betrachten.[39] Wir zeigen, dass Preisportfolio und Rest unkorreliert sind – damit erhöht Y innerhalb von X^* die Varianz,

$$
\begin{aligned}
\mathrm{Cov}[m,Y] &= E[mY] - E[m]\,E[Y] && \text{Zerlegungssatz} \\
&= (1 + r_f)p(Y) - E[Y] && \text{Gleichung (14) und Vorbemerkung} \\
&= 0 && \text{nach Konstruktion von } Y
\end{aligned}
$$

Wenn aber der "Rest" den Erwartungswert und den Preis konstant lässt und nur die Varianz innerhalb von X^* erhöht, stellt sich unsere Investorin besser, wenn sie gänzlich auf den "Rest" verzichtet. Das Budget bleibt, wie es ist, der Erwartungswert ebenso und die Varianz sinkt. Damit ist das Lemma bewiesen.

Mit Hilfe des Lemmas können wir im letzten Schritt die Tobin-Separation beweisen. Wir haben bisher gezeigt, dass jede Investor nur risikoloses Asset und eine gewisse Menge Preisportfolio hält. Da das für alle Investorinnen gilt und weil die Märkte räumen (Angebot=Nachfrage), muss die Summe der gehaltenen Preisportfolios gleich dem Marktportfolio sein. Damit halten alle Investorinnen einen Anteil am Marktportfolio M. ∎

Eine wichtige Konsequenz des Separationstheorems betrifft die Wertpapiermarktlinie (4.1) die wir zu Beginn der Veranstaltung behandelt haben. Wenn alle Investoren das Preisportfolio nachfragen, dann müssen wegen der Markträumung Preisportfolio und Marktportfolio identisch sein. Das CAPM formuliert daher (als einziges Gleichgewichtsmodell) eine Aussage darüber, wie das Preisportfolio m gestaltet sein muss. Die Väter des CAPM gingen noch davon aus, dass die Gleichung (4.1) nur im CAPM gilt und sie das charakteristische Ergebnis dieses Modells darstellt, dem ist aber nicht

---

39. Wenn diese Kovarianz null ist, wird die Varianz erhöht: Es gilt ja $\mathrm{Var}[X^*] = \mathrm{Var}[a\mathbf{1} + bm + Y] = \mathrm{Var}[a\mathbf{1} + bm] + \mathrm{Var}[Y] + \mathrm{Cov}[m,Y]$ – der letzte Term ist null und der vorletzte größer null.

so. Das CAPM ist eher dadurch beschrieben, dass es eine sehr einfache Darstellung des Preisportfolios ermöglicht.

Wir hatten auch angemerkt, dass diese Aussage empirisch heutzutage als widerlegt gilt. Gegenwärtig geht man davon aus, dass das CAPM kein Modell darstellt, dass die ökonomischen Zusammenhänge an Wertpapiermärkten hinreichend wiedergibt.

5 Erwartungsnutzengleichgewicht und Lucas Modell

5.1 Heterogenität und repräsentativer Investor

> **Lernziel:** Wir zeigen, dass man statt heterogener Investorinnen von einem repräsentativen Investor ausgehen kann, wenn nur die Berechnung des Preises im Vordergrund steht.

In diesem Kapitel stehen Gleichgewichte im Vordergrund, bei denen die Investoren Nutzenfunktionen vom Erwartungsnutzentyp besitzen. Wir hatten ein solches Gleichgewicht bestimmt, als wir den im Experiment erzielten Preis nachvollziehen wollten.

Definition 5.1 (Erwartungsnutzengleichgewicht). *Ein Erwartungsnutzengleichgewicht ist ein allgemeines Gleichgewicht, bei dem die Nutzenfunktionen der Investoren vom Erwartungsnutzentyp sind.*

Vorerst wollen wir uns mit einem Sachverhalt auseinandersetzen, der nicht ganz einfach zu verstehen ist. Wir haben erläutert, dass ein Gleichgewichtsmodell Preise erklären soll. Konzentrieren wir uns dabei auf ein Modell unter Risiko, so ist naheliegend, dass Preise für einen effizienten Tausch von Risiken beitragen. Es scheint daher folgerichtig, dass in einem Modell immer Investorinnen mit unterschiedlichen Risikopräferenzen vorhanden sein müssen. Genau das aber hatten wir in unseren Beispielrechnungen am Anfang gerade nicht angenommen! Welche Wirkung geht von heterogenen Investoren aus? Was passiert in einem Gleichgewicht, wenn wir es mit verschiedenen Risikoabneigungen zu tun haben?

In unserem früheren Beispiel fand Handel dadurch statt, dass wir den Investoren verschiedene Erstausstattungen an die Hand gaben. Darauf wollen wir nun verzichten. Jede Investorin besitzt in diesem Abschnitt die gleiche Erstausstattung.

Dazu betrachten wir ein konkretes Beispiel. Wir unterstellen Investoren $i = 1, \ldots, I$ mit der folgenden CARA-Nutzenfunktion $-e^{-a^{(i)}x}$, wobei $a^{(i)}$ der Koeffizient der absoluten Risikoaversion des Investors i ist. Uns interessiert, welche Wirkung die Heterogenität dieser Risikoaversionskoeffizienten besitzt.

Wieder nutzen wir das Marktumfeld des vorigen Abschnittes 2.2. Diesmal ändern wir jedoch zwei Annahmen:

1. Wir werden annehmen, dass das risikolose Asset ausschließlich zum Tausch der Investorinnen untereinander dient. Dies geschieht, indem wir von einer Erstausstattung in Höhe von null beim risikolosen Titel ausgehen. Man spricht auch von zero-net supply. Anders gesagt: Wenn sich jemand Geld borgen will, muss er jemanden finden, der Geld anlegen will. Und wenn jemand sparen möchte, benötigt sie eine Investorin, die um Kredit bittet.

Eine solche Annahme ist in Modellen der allgemeinen Gleichgewichtstheorie üblich. Das risikolose Asset erfüllt dadurch die Funktion, die wir Geld als Tauschmittel in der Ökonomie zuweisen.

2. Jede Investorin besitzt dieselbe Erstausstattung von einem riskanten Basistitel B^2.

Wie sieht das Gleichgewicht in einer solchen Situation aus? Die individuelle Nutzenmaximierung lautet[40]

$$\max_{X_1^i, X_2^i} \; -\frac{1}{2}e^{-a^{(i)}X_1^i} - \frac{1}{2}e^{-a^{(i)}(X_1^i+2X_2^i)}, \qquad \text{s.t. } X_1^i + p \cdot X_2^i = p.$$

Und dies führt auf die Lagrange-Funktion

$$\mathcal{L} = -\frac{1}{2}e^{-a^{(i)}X_1^i} - \frac{1}{2}e^{-a^{(i)}(X_1^i+2X_2^i)} - \lambda\left(X_1^i + p \cdot X_2^i - p\right).$$

Lagrange ergibt

$$0 = \frac{\partial \mathcal{L}}{\partial X_1^i} = -\frac{1}{2}a^{(i)}e^{-a^{(i)}X_1^i} - \frac{1}{2}a^{(i)}e^{-a^{(i)}(X_1^i+2X_2^i)} - \lambda$$

$$0 = \frac{\partial \mathcal{L}}{\partial X_2^i} = -\frac{1}{2}2a^{(i)}e^{-a^{(i)}(X_1^i+2X_2^i)} - \lambda p$$

sowie

$$0 = -\frac{\partial \mathcal{L}}{\partial \lambda} = X_1^i + p \cdot X_2^i - p. \tag{26}$$

Mit diesem Ergebnis und Gleichung (26) haben wir zwei lineare Gleichungen mit zwei Unbekannten, die wir lösen können[41]

$$X_1^i = p\left(1 - \frac{\frac{1}{2}\ln\left(\frac{2-p}{p}\right)}{a^{(i)}}\right), \quad X_2^i = \frac{\frac{1}{2}\ln\left(\frac{2-p}{p}\right)}{a^{(i)}}. \tag{27}$$

Wir schauen genauer auf die Nachfrage nach dem riskanten Asset, hier mit X_2^i bezeichnet (dieses Asset zahlte im ersten Zustand nichts und im zweiten Zustand genau zwei Einheiten des Gutes). Jede Investorin besaß als Erstausstattung eine Einheit des

---

40. Wir gehen bereits hier davon aus, dass die Investorin ihr gesamtes Budget verwendet (also $= p$ statt $\leq p$). Anderenfalls könnte sie mehr risikoloses Asset erwerben und so ihren Nutzen erhöhen.
41. Hierzu habe ich ChatGPT verwendet und die Software das Ergebnis prüfen lassen.

zweiten Wertpapiers. Die Markträumungsbedingung lautet

$$\text{Angebot} = \text{Nachfrage}$$

$$I = \sum_{i=1}^{I} 1 = \frac{1}{2} \ln \left(\frac{2-p}{p} \right) \sum_{i=1}^{I} \frac{1}{a^{(i)}}$$

Diese Bedingung können wir umformen zu

$$a^* := \frac{I}{\sum_{i=1}^{I} \frac{1}{a^{(i)}}} = \frac{1}{2} \ln \left(\frac{2-p}{p} \right), \tag{28}$$

wobei wir mit a^* das harmonische Mittel der einzelnen Risikoaversionsparameter bezeichnen.

Wir erkennen, dass der Preis im Gleichgewicht immer kleiner als zwei sein muss. Zudem sinkt der Preis mit höherer (durchschnittlicher) Risikoaversion, weil das Asset für die Investorin immer unattraktiver wird. Es ist aber noch eine andere Erkenntnis wichtig.

Die Nachfrage einzelner Investoren ergibt sich aus der einfach zu interpretierenden Relation

$$X_2^i = \frac{a^*}{a^{(i)}}.$$

Jeder Investor fragt so viel riskantes Asset nach, wie sich ihre Risikoaversion zu dem harmonischen Mittel aller Investorinnen verhält. Wer eine sehr hohe Risikoaversion hat, fragt wenig nach; wer eine sehr niedrige Risikoaversion besitzt, hält im Gleichgewicht viel von dem Asset. Das erscheint sehr plausibel.

Das führt uns zum Thema des Kapitels zurück. Wir haben es mit der Frage eröffnet, inwieweit wir eine Heterogenität unter den Investorinnen für ein Gleichgewicht voraussetzen müssen. Dazu nehmen wir folgendes Gedankenspiel vor. Wir unterstellen jetzt ausschließlich **eine** Investorin, die eine Risikoaversion in der Höhe von a^* besitzt. Wieder können wir die Nachfragen ermitteln (es gibt nur eine Nachfrage) und wir gelangen erneut zur Preisgleichung (28), die wir nun außerdem noch umstellen,

$$p = \frac{2}{1 + e^{2a^*}}.$$

Wir sehen, dass wir den Preis im Gleichgewicht mit zwei unterschiedlichen Modellen erklären können, die beide zum gleichen Ergebnis kommen:

Heterogene Investoren Hier unterstellen wir I Investorinnen mit unterschiedlichen Risikoaversionen.

"Repräsentativer[42] *Investor"* Hier unterstellen wir eine einzelne Investorin mit einer

42. Die Bezeichnung "repräsentativer Investor" ergibt sich aus der Tatsache, dass diese eine Person die

Risikoaversion, die sich aus dem harmonischen Mittel der einzelnen Risikoabneigungen berechnet.

Ein Modell mit einem repräsentativen Investor scheint auf den ersten Blick ungeeignet, Preise für riskante Finanztitel zu "erklären". Marktteilnehmer, die sich in ökonomischer Hinsicht überhaupt nicht voneinander unterscheiden, haben nicht den geringsten Anreiz, miteinander Tauschgeschäfte abzuschließen – zumal hier nur eine Marktteilnehmerin vorhanden ist (mit wem soll sie denn handeln?).

Eine so begründete Kritik des repräsentativen Investors greift allerdings zu kurz. In unserem Modell stehen nicht die Tauschgeschäfte im Vordergrund, vielmehr berechnen wir eine Größe, die man in der Literatur als den Grenzpreis des riskanten Assets kennt. Die repräsentative Investorin erlaubt die Bestimmung des Gleichgewichtspreises, und mehr wollten wir nicht.

Man wird weiter einwerfen, dass wir unsere Überlegungen nur für eine spezielle Nutzenfunktion (es handelt sich um eine Nutzenfunktion mit konstanter absoluter Risikoaversion) formuliert haben. Können wir die Rechnungen auch dann so einfach vornehmen, wenn wir andere Nutzenfunktionen vor uns haben? Es ist richtig, dass die oben genannten Vereinfachungen, insbesondere die Verwendung des harmonischen Mittels, auf dieser Einschränkung beruht. Wir hatten jedoch nicht vor, eine möglichst allgemeine Aussage zu formulieren. Uns ging es nicht darum zu erklären, wie der Handel zwischen Marktteilnehmern mit unterschiedlichen Präferenzen abläuft, wie rege dieser Handel ist oder welche Mechanismen angewendet werden, damit es am Ende zu einer Einigung zwischen Käufern und Verkäufern kommt. Es geht anhand eines konkreten Beispiels einzig allein um die Bestimmung des Preises, der sich dabei letztlich einstellt. Und für *diesen* Zweck ist es – vielleicht überraschenderweise – ausreichend, von einem einzigen repräsentativen Agenten auszugehen. Wir sind der Meinung, dass diese Idee auch für andere Nutzenfunktionen als den CARA-Fall Anwendung finden sollte. Genau diese Vereinfachung finden wir insbesondere im nächsten Modell, das wir uns nun genauer anschauen wollen.

5.2 Anwendung: Das Lucas Modell

> **Lernziel:** Das Lucas-Modell erklärt, weshalb riskante Assets im Durchschnitt etwa 5-6% mehr Rendite als risikolose Titel aufweisen und führt dies auf eine durchschnittliche relative Risikoaversion von $a = 1 \ldots 2$ zurück.

Lucas hat im Jahre 1978 ein Modell vorgestellt,[43] mit dem eine empirische Beobachtung erklärt werden sollte, nämlich die Tatsache, dass die Renditen riskanter Wertpapiere im langfristigen Durchschnitt um etwa 5 bis 6 % höher ausfallen als die Rendi-

---

heterogene Gemeinschaft repräsentiert.

43. Lucas, Robert E. Jr. (1978): Asset Prices in an Exchange Economy, *Econometrica* (46), 1429–1445.

ten risikoloser Staatsanleihen. Man bezeichnet diese Renditedifferenz als Risikoprämie und verwendet für den Durchschnitt riskanter Wertpapiere in aller Regel einen Börsenindex wie zum Beispiel den DOW Jones Index, den S&P 500 oder den EURO STOXX 50. Das Ziel ist, eine Risikoprämie in der genannten Höhe zu erklären, weil man in der wirklichen Börsenwelt keine langfristigen Risikoprämien in der Größenordnung von 0,01 % oder 20 % beobachtet.

Um eine Antwort auf diese Frage zu finden, macht man sich vermutlich am besten klar, welche wirtschaftlichen Kräfte hier wirksam sind. Die eben genannten Indexrenditen erzielt man, indem Geld am Kapitalmarkt angelegt wird. Aber warum legt man finanzielle Mittel am Kapitalmarkt an? Manche Menschen mögen einfach Freude am Spekulieren haben. Für die meisten Kapitalmarktteilnehmer geht es aber wohl darum, den privaten Konsum zu unterschiedlichen Zeiten zu finanzieren. Jemand benötigt beispielsweise einen Kredit, um einen Hausbau zu ermöglichen, obwohl er die dafür erforderlichen Mittel bisher noch nicht zusammensparen konnte. Ein anderer möchte für sein Alter vorsorgen und will daher Geld anlegen, um nach Beendigung der Erwerbstätigkeit einen angemessenen Lebensstandard halten zu können. Der Konsum soll über die Zeit hinweg "geglättet" werden und die Rendite am Kapitalmarkt kann also vermutlich recht gut erklärt werden, indem man den Gesamtkonsum der Gesellschaft unter die Lupe nimmt.

Insbesondere müssen wir in Erfahrung bringen, wie Menschen ihren Konsum auf verschiedene Lebensphasen verteilen. Dabei ist wichtig zu wissen, wie stark sie frühen Konsum einem späteren Konsum vorziehen, wie geduldig sie also sind. Da späterer Konsum naturgemäß unsicherer ist als heutiger, wird auch die Risikoeinstellung der Konsumenten wichtig sein. Will man all diese Zusammenhänge erfassen, benötigt man eine realitätsnahe Beschreibung menschlichen Konsumverhaltens über die Zeit. Und dabei interessiert nicht, was Sie in den nächsten zwei, drei Jahren verbrauchen wollen, sondern wir brauchen das Bild eines typischen, eines durchschnittlichen Konsumenten und seiner Risikoeinstellung.

Die Risikoeinstellung, welche Menschen an den Tag legen, ist gewiss nicht über alle Marktteilnehmer identisch. Einer liebt das Risiko, während der andere lieber Vorsicht walten lässt und eine ausgeprägte Aversion gegen Risiken hat. Selbst bei ein und demselben Menschen dürfte man sowohl die eine als auch die andere Einstellung gleichzeitig finden können. Während man beispielsweise im Zusammenhang mit Wetten, bei denen es um kleine Einsätze geht, häufig die Bereitschaft findet, erhebliche Risiken einzugehen, beobachtet man bei demselben Menschen im selben Augenblick eine nennenswerte Risikoabneigung, sobald es um große Beträge geht. Man denke an jemanden, der sein Eigenheim gegen Feuerschäden versichert und gleichzeitig für 30 € ein Lotterielos kauft, das sich mit höchster Wahrscheinlichkeit als Niete entpuppt. Es ist immer wieder beobachtet worden, dass die meisten Menschen, die Geld am Kapitalmarkt anlegen, risikoscheu sind. Aber daraus folgt noch nicht das, was im Lucas-Modell angenommen wird. Dort wird unterstellt, dass jeder Marktteilnehmer sich an einer Risikonutzenfunktion orientiert, die sich durch konstante relative Risikoaversion auszeichnet.[44]

Die meisten Menschen haben Kinder, womit ein weiterer Aspekt ins Spiel kommt, der bisher nicht angesprochen wurde. Wer Kinder hat, finanziert nicht nur seinen eigenen Konsum, sondern in aller Regel auch einen Teil des Konsums seiner Nachkommen.[45] Will man also einen Kapitalmarkt korrekt modellieren, so ist es erforderlich, verschiedene Generationen einzubeziehen und sich zu überlegen, wie der Vermögensübergang zwischen den Generationen erfolgt. Samuelson hat 1958 zu diesem Zweck das Modell der overlapping generations entwickelt. In diesem Modell gibt es mehrere Generationen, die Finanztitel am Kapitalmarkt kaufen und diese nach ihrem Ableben an die Nachkommen vererben. Es lässt sich zeigen, dass das Modell zu denselben Resultaten führt, wenn man statt mehrerer Generationen einen einzigen Agenten unterstellt, der unendlich lange lebt. Erneut erkennen wir, dass Modelle mit sehr weitgehenden Vereinfachungen äußerst nützlich sein können. Natürlich lebt niemand ewig. Aber wer wissen will, wie Konsum von rational handelnden Individuen über die einzelnen Lebensphasen verteilt wird, muss eine Vorstellung von menschlichem Handeln entwickeln. Wenn nun das Modell eines einzelnen ewig lebenden Agenten zu denselben Resultaten führt wie das realitätsnähere Modell, so bietet es sich an, mit dem vereinfachten Modell zu arbeiten. Genau das ist es, was im Lucas-Modell geschieht.

Endlich ist eine Annahme darüber erforderlich, in welchem Verhältnis früher und später Konsum wertgeschätzt werden. Gewöhnlich bestehen Verbraucher darauf, einen angemessenen Ausgleich zu erhalten, wenn sie ihren Sofortkonsum zugunsten von späterem Konsum einschränken sollen. Bei der Frage, wie viel man ihnen in der folgenden Periode mehr bieten muss, damit sie heute auf eine Konsumeinheit verzichten, handelt es sich um die sogenannte Zeitpräferenz. Im Rahmen des Lucas-Modells verwendet man einen Zeitgewichtungsfaktor β in einer Größenordnung von $\beta \in [0.95, 1)$, der angibt, um wie viel späterer Konsum weniger geschätzt wird als sofortiger Konsum. Realistischerweise müsste man davon ausgehen, dass die Intensität der Ungeduld, welche sich hinter dem Faktor β verbirgt, nicht bei allen Menschen einheitlich ist. Trotzdem setzt man im Lucas-Modell vereinfachend identische Zeitgewichtungsfaktoren voraus.

Welches Ziel verfolgt Lucas nun mit seinem Modell? Er will eine Aussage über die Preise riskanter Finanztitel gewinnen. Die Differenz zwischen der Rendite sol-

---

44. Das waren Nutzenfunktionen vom Typ $u(c_t) = \frac{c_t^{1-\gamma}-1}{1-\gamma}$, wobei $\gamma > 0$ als Grad der (relativen) Risikoaversion bezeichnet wird, siehe die Wiederholung. Üblicherweise beobachtet man $\gamma \in (0,4)$.
45. Dabei denkt man vielleicht zunächst an den Konsum der Kinder während ihrer ersten Lebensjahre. Viele Nachkommen verbrauchen aber auch noch in wesentlich fortgeschrittenem Alter Güter, die von der vorangehenden Generation finanziert worden sind.

cher risikobehafteter Wertpapiere und dem risikolosen Zinssatz ist die oben erwähnte Marktrisikoprämie, von der wir empirisch wissen, dass sie im Durchschnitt bei etwa 5 bis 6 % liegt. Infolgedessen brauchen wir ein Modell, das den Preis riskanter Wertpapiere erklärt. Bei diesem Preis handelt es sich um jenen Geldbetrag, den der Käufer eines Wertpapiers mit dem Verkäufer dieses Titels vereinbaren würde. Damit beide Parteien einen positiven Anreiz haben, solch eine Vereinbarung zu treffen und dann auch Geld und Wertpapiere zu tauschen, muss der Preis, den ein Käufer höchstens zu zahlen bereit ist, höher sein als der Preis, den der Verkäufer mindestens verlangt. Nur dann kann ja die Vereinbarung aus der Perspektive beider Parteien vorteilhaft sein.

Es ist erklärtes Ziel des Modells, den Renditeunterschied zwischen riskanten und risikolosen Wertpapieren zu erklären. Kein Thema ist dagegen, wie sich unterschiedliche riskante Titel zueinander verhalten. Es sollte daher nicht verwundern, dass Lucas nur die Existenz eines riskanten Wertpapiers unterstellt, in das unser ewig lebender Investor anlegen kann. Würde man mehrere Wertpapiere voraussetzen, so käme noch die Möglichkeit ins Spiel, sein Risiko entsprechend zu streuen – diesen Sachverhalt möchte Lucas aber in seinem Asset Pricing Model gar nicht behandeln. Zudem erschwert er die Überlegungen enorm. Deshalb gibt es im Lucas nur zwei Titel: einen risikolosen und einen riskanten.

Beim risikolosen Asset wird ein zeitlich konstanter Zinssatz in Höhe von r_f angenommen, das Asset selbst hat in jedem Zeitpunkt den Wert von 1. Wie hoch dieser Zinssatz ist, spielt im Folgenden keine Rolle. Da wir nur die Risikoprämie erklären wollen, ist nicht die absolute Höhe des Zinssatzes r_f, sondern sein Abstand zum riskanten Wertpapier von Bedeutung.

Zuletzt müssen wir noch auf das riskante Wertpapier eingehen. Uns wird die Rendite interessieren, die dieser Titel erwirtschaften kann. Ebenso muss er unsicher sein, damit er sich vom risikolosen Asset unterscheidet. Es ist daher zweckmäßig zu unterstellen, dass dieser Titel eine riskante Dividende zahlt und ebenso einen unsicheren Preis besitzt. Wir wollen die Dividende mit d_t und den Preis mit p_t bezeichnen.

Wir müssen jetzt auf eine weitere Voraussetzung des Lucas Models eingehen, die auf den ersten Blick unpassend erscheint. Man spricht in Anlehnung an den Originalartikel von Lucas gern davon, dass das riskante Wertpapier wie ein Baum aufzufassen ist, dessen Früchte die Dividende darstellen und legt fest, dass diese Früchte nicht gelagert werden können, weil sie sonst verrotten. So sehr plastisch dieses Bild auch ist, wir sind damit nicht wirklich zufrieden: Man kann sehr wohl Bäume und riskante Wertpapiere miteinander identifizieren und davon sprechen, dass deren Früchte nicht verrotten. Es ist aber eine didaktische Herausforderung, dann von verrotteten Früchten und Bäumen einen Bezug zu einem Wertpapierindex wie dem S&p 500 und dessen Kapitalstock herzustellen; immerhin verrotten Dividenden nicht. Welche ökonomische Beobachtung steckt hinter dieser Idee?

Dazu muss man sich zuerst einmal klarmachen, dass wir bis jetzt noch nicht darüber gesprochen haben, was für ein Gut eigentlich im Lucas Model konsumiert wird. Wir haben zwar ausführlich darüber gesprochen, wie Investoren handeln, nicht aber was sie genau konsumieren. Wir erkennen, welche Konsequenz dies für die Modellierung hat: Lucas hat der Einfachheit halber sowohl ein reines Konsumgut und das Tauschelement Geld in einen Topf geworfen. Jeder weiß, dass man Geld nicht konsumieren kann und dass die meisten Güter nicht über beliebig lange Zeiträume gelagert werden können. Damit man aber Konsum und Geldanlage präzise auseinander halten kann, muss Lucas unterstellen, dass für die Dividende des riskanten Wertpapiers nicht einfach die Möglichkeit besteht, sie durch Lagerhaltung eine Periode später zu konsumieren. Sonst gäbe es neben dem risikolosen Zinssatz r_f noch die Möglichkeit kostenloser Lagerhaltung – dann hätten wir es aber mit gespaltenen Zinssätzen zu tun. Wer sich Geld borgen will, muss dies zum Satz r_f tun, könnte aber unter Umständen auf die preiswertere Lagerhaltung zum Nullzinssatz zurückgreifen. All die damit verbundenen Probleme sind sicherlich interessant, aber sie sollen bei der Antwort auf die Frage, warum die durchschnittliche Risikoprämie 5 bis 6 % beträgt, keine Rolle spielen.

Jetzt wollen wir einen Schritt weitergehen und für eine spezielle Nutzenfunktion die Preise im Gleichgewicht charakterisieren. Dazu werden wir das Modell erweitern und sowohl Konsum heute als auch Konsum morgen zulassen. Im Allgemeinen Gleichgewicht gab es nur einen Zeitpunkt, an dem gehandelt wurde und (möglicherweise einen davon verschiedenen) Zeitpunkt, an dem der Konsum stattfand. Nun soll auch am Handelszeitpunkt konsumiert werden. Damit wird das Modell etwas umfangreicher. Um die damit verbundenen Schwierigkeiten aber gering zu halten, wollen wir gleichzeitig eine ganz spezielle Nutzenfunktion unterstellen. Die Investoren mögen ihren Nutzen anhand der HARA-Funktionen bestimmen, also

$$u^i(x) = \frac{x^{1-a} - 1}{1 - a} \qquad a > 0.$$

Für $a = 1$ konvergiert dieser Ausdruck gegen $\ln(x)$. Der Risikoaversionsparameter a sei hier für alle Investorinnen identisch. a hatten wir als (Grad der relativen) Risikoaversion der Investoren interpretiert.

Da wir nur eine einzelne Investorin betrachten, lassen wir in diesem Abschnitt den Index i für eben diese Investorin weg; das vereinfacht die Schreibweise (Sie erkennen die Idee des repräsentativen Investors wieder). Wie lautet das Maximierungsproblem?

Es gibt S Zustände. Ist das optimale Portfolio X gewählt, so wird es in diesem Zustand X_s zahlen. Der Erwartungsnutzen der Zahlung ist $E[u(X)]$, wobei wir uns oben genannter Nutzenfunktion bedienen. Damit lautet der Erwartungsnutzen des

Konsums morgen

$$E[u(X)] = \sum_{s=1}^{S} p_s \left(X_s\right)^{1-a}.$$

Da wir hier den optimalen Konsum bestimmen werden, wollen wir für diesen Abschnitt in der Notation abweichen – die gesamte Literatur zu diesem Thema wählt hier andere Bezeichnungen. Statt X werden wir den optimalen Konsum nun mit dem Buchstaben c (für consumption) kennzeichnen.[46] Neben diesem zukünftigen Konsum soll nun auch heutigen Konsum gestattet sein. Um das Modell nicht mit zu vielen Variablen zu überladen, werden wir den heutigen Konsum mit c_0 bezeichnen und aus Gründen der Konsistenz auch die Nutzenfunktion c^a verwenden.

Wie setzt sich der Gesamtnutzen des Investors zusammen? Zum einen erzielt er aus zukünftigem Konsum den Erwartungsnutzen $E[u(c)]$. Hinzu kommt der Nutzen aus heutigem Konsum in Höhe von $u(c_0)$. Wir nehmen nun an, dass sich der Gesamtnutzen aus der Summe dieser beiden Zahlenwerte ermittelt. Da zukünftiger Konsum immer geringer gewertet wird als heutiger Konsum, werden wir aber den Erwartungsnutzen noch mit einem Diskontfaktor $\beta < 1$ multiplizieren. Die Investorin maximiert die Größe $u(c_0) + \beta E[u(c)]$.

Wir wissen, dass die Investorin nur ihr Budget verwenden kann. Der Preis des optimalen Wertpapiers darf also nicht höher sein als das Vermögen w. Auch diese Bedingung werden wir umschreiben und nutzen dazu die Aussage aus der Preistheorie, Gleichung (13), für den Preis des morgigen Konsum und addieren den Preis des heutigen Konsums hinzu. Da die Preise bis auf eine Einheit frei wählbar sind (wir können uns aussuchen, ob wir in Euro, Yen oder Dollar rechnen), soll eine Einheit heutigen Konsum heute den Preis 1 haben, also

$$c_0 + p(c) = w \quad \Longrightarrow \quad c_0 + \frac{\sum_{s=1}^{S} q_s c_s}{1 + r_f} = w$$

Insgesamt ist also das folgende Maximierungsproblem zu lösen,

$$\max_{c_0, c_1, \ldots, c_S} (c_0)^{1-a} + \beta \sum_{s=1}^{S} p_s (c_s)^{1-a}, \qquad \text{s.t. } c_0 + \frac{\sum_{s=1}^{S} q_s c_s}{1 + r_f} = w.$$

Hier lautet die Lagrangebedingung

$$\mathcal{L} = (c_0)^{1-a} + \beta \sum_{s=1}^{S} p_s (c_s)^{1-a} - \lambda \left(c_0 + \frac{\sum_{s=1}^{S} q_s c_s}{1 + r_f} - w \right).$$

---

46. Oft wird dem c noch ein Stern hinzugefügt (c^*), um die Optimalität zu verdeutlichen. Mir erscheint eine sparsamere Notation aber sinnvoller.

Die Ableitung nach den Aktionsvariablen c_1 bis c_S ergibt die notwendige Bedingung

$$\forall s = 1, \ldots, S \qquad 0 = \frac{\partial \mathcal{L}}{\partial c_s} = \beta \, (1 - a) \, p_s (c_s)^{-a} - \lambda \frac{q_s}{1 + r_f} \tag{29}$$

Außerdem müssen wir auch nach der Aktionsvariable c_0 heutiger Konsum ableiten und erhalten hier

$$0 = \frac{\partial \mathcal{L}}{\partial c_0} = (1 - a) \, (c_0)^{-a} - \lambda.$$

Wir erhalten damit in (29)

$$\beta \, p_s (c_s)^{-a} = (c_0)^{-a} \frac{q_s}{1 + r_f}.$$

Diese Gleichung gilt für jeden Zustand s. Wir stellen dies ein wenig um,

$$\forall s = 1 \ldots, S \qquad \frac{q_s}{p_s} = \beta (1 + r_f) \left(\frac{c_s}{c_0} \right)^{-a}. \tag{30}$$

Diese Aussage hat eine sehr interessante ökonomische Konsequenz. Dazu müssen wir uns auf den in der Einleitung genannten Fundamentalsatz der Preistheorie besinnen.[47]

Der Koeffizient $\frac{q_s}{p_s}$ war uns dort beim Preisportfolio m begegnet. Mit Hilfe dieses Preisportfolios konnten wir beliebige Wertpapiere bewerten. Wir notieren erneut die Gleichung (14), setzen aber diesmal nicht den unbekannten Koeffizienten $\frac{q_s}{p_s}$, sondern die rechte Seite der Gleichung (30) ein. Wir erhalten hier

$$p(X) = \beta \; \mathrm{E} \left[X \cdot \left(\frac{c_s}{c_0} \right)^{-a} \right]. \tag{31}$$

Anhand dieser Gleichung werden Preise von Wertpapieren auf mehrere ökonomische Faktoren zurückgeführt, die wir beobachten können und die man gern als fundamental bezeichnet:

Diskontfaktor β Der Diskontfaktor, der die Ungeduld im Konsum von Investorinnen wiedergibt, beeinflusst ebenfalls den Preis. Je höher das Gewicht zukünftigen Konsums (also je höher β), desto höher die Preise zukünftiger Güter. Auch das sollte nachvollziehbar sein.

Konsumwachstum $\frac{c_s}{c_0}$ und Risikoaversion a In unserem Modell dient der Kapitalmarkt ausschließlich dazu, sich zukünftigen Konsum zu finanzieren. Wer morgen eine teure Weltreise machen oder sich ein Auto kaufen will, muss dafür heute am Kapitalmarkt Transaktionen tätigen. Daher sollte es nicht verwundern, dass

---

47. Siehe Seite 33f., Gleichung (13) und Gleichung (14).

das Konsumwachstum $\frac{c_s}{c_0}$ einen Einfluss auf die Preise haben wird. Dass auch die Risikoaversion a hier ihren Einfluss geltend macht, liegt daran, dass die Risikoaversion auch darüber entscheidet, wie wir den heutigen (sicheren!) und den morgigen (unsicheren!) Konsum zueinander gewichten.

Wir haben dieses Kapitel mit der Behauptung eingeleitet, dass die Differenz zwischen Marktrendite und risikoloser Rendite durch das Lucas-Modell erklärt werden kann. Die Gleichung (31) muss diese Erklärung nun leisten. Zu diesem Zweck verwenden wir eine erste Näherungslösung und setzen für X das Marktportfolio M (welches die Marktrendite $\frac{E[M]}{p(M)} - 1$ beschreibt) ein,

$$p(M) = \beta \; E\left[M \cdot \left(1 + \frac{c_s - c_0}{c_0} \right)^{-a} \right] \approx \beta \; E\left[M \cdot (1 - a\Delta c) \right],$$

wobei Δc das Konsumwachstum sei. Wir müssen für weitere Überlegungen voraussetzen, dass Marktportfolio und Konsumwachstum unabhängig sind und wir erhalten dann

$$p(M) \approx \beta \; E[M] \, E\left[1 - a\Delta c \right] \quad \Longrightarrow \quad 1 \approx \beta \, \frac{E[M]}{p(M)} \, E\left[1 - a\Delta c \right].$$

In dieser Gleichung sind bis auf a sämtliche Größen bekannt. Man geht üblicherweise von einem Diskontfaktor von $\beta \approx 0.98$ aus, man beobachtet eine Marktrendite von $\frac{E[M]}{p(M)} - 1 \approx 5\dots6\%$ und das Konsumwachstum entspricht in etwa $\Delta \approx 1\dots2\%$. Daraus ergibt sich ein Risikoaversionsparameter von $a \approx 1\dots4$. Das Ergebnis ist plausibel.

Wir haben mit dieser Gleichung einen sehr wichtigen Anhaltspunkt gewonnen, um zu verstehen, wie sich Preise von Wertpapieren bilden. Wir können die wichtigsten Einflussfaktoren zuordnen und haben den ersten Eindruck, dass es sich hier um nachvollziehbare und intuitive Ergebnisse handelt.

In unseren Überlegungen haben wir Näherungsgleichungen verwendet, die Zufallsvariablen linearisieren; dies sind Approximationen erster Ordnung. Nun muss man sich jedoch ein Phänomen vor Augen führen, das bei einer solchen Näherungsrechnung nicht vordergründig zu Tage tritt. Unsere Idee besteht darin, dass sich Marktpreise an Kapitalmärkten deshalb bilden, weil wir diese Kapitalmärkte zur Konsumglättung verwenden (beispielsweise legen wir über unsere Berufsdauer hinweg Geld an, um es in der Rentenphase zur Verfügung zu haben). Wenn man nun keine Näherung erster Ordnung vornimmt, sondern sich zudem die Schwankungen anschaut, entsteht ein Problem:

Der Konsum einer Gesellschaft schwankt über die Jahre hinweg beobachtet extrem wenig. Es ist eher so, dass der Konsum regelhaft steigt und die Konsumwachstumsrate sehr stabil ist.

Die Marktrendite aber ist äußerst volatil. Große Schwankungen im Bereich -20% bis +30% sind völlig alltäglich und nichts außergewöhnliches.

Wenn man aber die Marktrendite auf den Konsum zurückführen will, passen beide Beobachtungen nicht zueinander. Wieso schwankt die Marktrendite, wenn doch der Markt der Konsumglättung dient und dieser Konsum sehr wenig Ausreißer kennt?

Diese Frage wird untersucht, indem man die Approximationen nicht in mit der ersten, sondern der zweiten Ordnung (die Schwankungen berücksichtigt) vergleicht. Dabei stellt sich heraus, dass wir mindestens eine Risikoaversion a in der Größenordnung von $a \approx 25\ldots50$ benötigen, um hier eine Erklärung herzustellen.[48] Eine solch hohe Risikoaversion beobachten wir aber weder in Experimenten noch bei der Auswertung anderer riskanter Entscheidungen. Das wollen wir kurz illustrieren.

Tabelle 1: Wie hoch ist das Sicherheitsäquivalent (gerundet), wenn Sie bei einem Münzwurf entweder nichts oder 5.000€ bekommen können?

a	C	a	C	a	C
1,5	1.863€	5	857€	20	186€
3	1.324€	10	399€	50	71€

Nehmen Sie an, Sie besitzen 5.000€ und man offeriert Ihnen eine Wette, die entweder weitere 5.000€ oder nichts (beides mit gleicher Wahrscheinlichkeit) liefert. Wie hoch wäre das Sicherheitsäquivalent C unter Verwendung einer CRRA-Nutzenfunktion $\frac{x^{1-a}}{1-a}$ (mit der Risikoaversion $a > 0$), bei dem Sie auf die Wette verzichten und den sicheren Betrag akzeptieren würden? Sicherlich hängt der Betrag von der Risikoaversion a ab, denn

$$\frac{(5000 + C)^{1-a}}{1-a} = 0{,}5\frac{5000^{1-a}}{1-a} + 0{,}5\frac{10000^{1-a}}{1-a}$$

Es ergeben sich nachfolgende Werte in der Tabelle 1. Sie erkennen deutlich, dass Risikoaversionen in der Größenordnung $a \approx 25\ldots50$ schwer vorstellbar sind. Diese Diskrepanz wird heute "equity premium puzzle" genannt.

---

48. In einem Video von John Cochrane finden Sie die Rechnungen, siehe https://www.youtube.com/watch?v=enTfuJ56XSs.

6 Informationsgleichgewichte (Grossman-Stiglitz-Theorie des Signalling)

6.1 Der Begriff der Information

Lernziel: Wir erkennen, was eine "Information" in unserem Modell charakterisiert. Wir müssen wissen, 1. was wir wissen, 2. was andere wissen und 3. was jeder über das Wissen des anderen weiß. Wir beschreiben ein Modell mit so genannter public information, das uns in der Signalling-Theorie von Grossman-Stiglitz begleiten wird.

Im vergangenen Abschnitt haben wir uns mit der Frage beschäftigt, wie an Märkte Risiken verteilt werden. Dabei waren wir davon ausgegangen, dass die Scheu der Investoren, Risiken einzugehen, verschieden ausgeprägt ist. Einige Investoren sind besonders risikoavers, andere scheuen sich dagegen nicht, höhere Risiken einzugehen. Durch den Preismechanismus wird nun dafür gesorgt, dass jeder Investor genau seine optimale Menge an riskanten Assets halten wird. Wenn sich Angebot und Nachfrage ausgleichen sollen, wird sich genau der Preis einstellen, der jedem die optimale Menge an Risiko zuweist. Anders gesagt: Der Handel an Finanzmärkten dient dazu, Risiken optimal aufzuteilen.

Abbildung 4: Handelsvolumina bei Ölderivaten nach Händlergruppen, Quelle: Economist, 10.09.2009

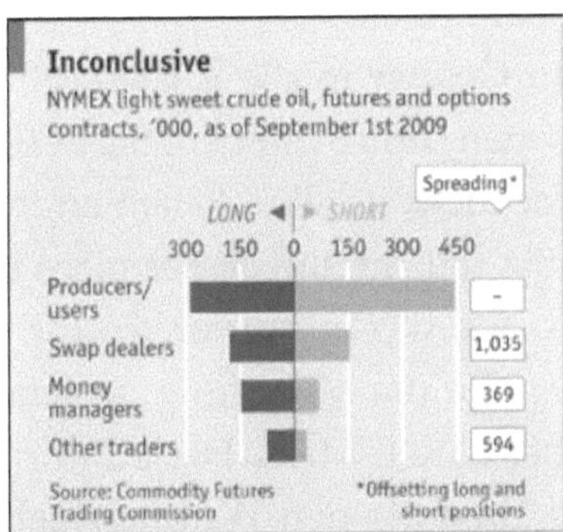

Jetzt wollen wir einen Blick auf die Realität der heutigen Finanzmärkte werfen. Nach unseren bisherigen Überlegungen ist der Risikotausch das einzige Handelsmotiv. Betrachten wir nun aber einmal die Handelsvolumina, die an modernen Finanzmärkten beobachtet werden können, so müssen wir diese Sichtweise anzweifeln. Es wird an Märkten einfach zu viel und zu intensiv gehandelt, als dass dies *ausschließlich* über den Tausch von Risiken oder das Motiv einer Absicherung erklärt werden kann.[49]

---

49. Dabei wird gern der Einfluss von Spekulanten ins Feld geführt. In der Öffentlichkeit wird dieser Einfluss aber stark überschätzt. So hat im Jahre 2008 die Commodity Futures Trading Commission

Wenn wir uns auf die Suche begeben, was neben dem Absicherungsmotiv für die großen Handelsvolumina verantwortlich sein könnte, begegnet man sofort dem Begriff der Information. Es ist naheliegend anzunehmen, dass Investoren auch deshalb miteinander tauschen, weil sie unterschiedlich informiert sind und diese Informationsasymmetrien an Märkten für sich ausnutzen wollen. Deshalb wollen wir uns in diesem Kapitel mit der Frage beschäftigen, ob und wie man den Einfluss von Information auf Handelsgleichgewichte beschreiben kann. Wir wollen dieses Teilgebiet der Wirtschaftswissenschaften hier Informationsökonomie nennen.

Beginnen wir mit dem Begriff der Information. In allen bisherigen Modellen verhielt es sich dergestalt, dass alle Investoren kostenlosen und sofortigen Zugang zu Informationen haben. Was aber meinen wir in dieser Vorlesung mit "Informationen"?

Konzentrieren wir uns dazu auf das Modell, das uns die bisherige Vorlesung begleitet hat. Zum Einen meinen wir mit Information, dass Ihnen die Zustände bekannt sind, die in der Zukunft eintreten können. Sie kennen alle möglichen Zustände und wissen, welche Wahrscheinlichkeiten diese haben. Daneben werden nun aber Aspekte wichtig, auf die wir bisher nicht achten mussten.

Stellen Sie sich vor, Sie spielen mit jemandem ein Kartenspiel. Ihre (private) Information setzt sich aus den Karten zusammen, die Sie in Ihrer Hand halten und die Sie demnächst ausspielen werden. Üblicherweise wissen Sie nicht, welche Karten der Gegner in der Hand hält oder welche sich noch im Stapel befinden. Ihr Gegner weiß nicht, was Sie wissen und Sie wissen nicht, was er weiß. Diese Ungleichheit ist Gegenstand unserer Betrachtungen.

Wenn Sie nun Ihrem Gegner in die Karten schauen, so verschaffen Sie sich Zugang zu (anderen) privaten Informationen. Sie beseitigen diese Ungleichheit für sich. Sie werden es sich aber nicht in allen Fällen so leicht machen können. Denken Sie an einen Fall, in dem Sie mit Ihrem Gegner nicht in einem Raum, sondern über das Internet Karten spielen. Sie wissen weder wo Ihr Gegner sich befindet noch wer er ist. Auf einmal erhalten Sie die Mitteilung, welche Karten Ihr Gegner in der Hand hält (beispielsweise über eine E-Mail). Diese Information unterscheidet sich von der oben genannten darin, dass Sie den Wahrheitsgehalt nicht ohne Weiteres überprüfen können. Sie wissen nicht, ob Sie der Information vertrauen können. Neben der Kenntnis der Zustände und deren Wahrscheinlichkeiten kommt es also in diesem Abschnitt ganz wesentlich darauf an, dass Sie Informationen *verifizieren* können, dass Sie auf Informationen vertrauen können. Eine E-Mail, die Ihnen die Karten des Gegners

---

(CFTC) eine genaue Untersuchung über den Einfluss dieser Spekulanten auf den Ölpreis veröffentlicht. In Abbildung 4 sehen Sie die Ergebnisse. Den Löwenanteil der Futures und Derivate halten Produzenten sowie Konsumenten von Öl, also Händler, die ganz offensichtlich Preisrisiken absichern und gerade *nicht* spekulieren wollen. Händler, die man dem Spekulationsgeschäft zuordnen könnte ("swap dealers" und "money managers", letztere beinhalten Hedge Funds), sind eindeutig in der Minderzahl. Die CFTC konnte ebenfalls zeigen, dass von diesen Spekulanten angelegte Gelder keinen direkten Zusammenhang zu den massiven Preiserhöhungen des Jahres 2008 aufwiesen.

scheinbar verrät und der Sie aber nicht glauben, stellt für Sie erst einmal eine wertlose Information dar.[50]

Ein weiterer Aspekt wird für uns wichtig werden. Die ökonomische Theorie beschäftigt sich mit Situationen, in denen mehrere unterschiedlich informierte Parteien ihre Interessen durchsetzen wollen. Dabei wird es nicht ausbleiben, dass es zu einer Auseinandersetzung um die Informationen kommt: Man hat beispielsweise mit einer Partei einen Vertrag abgeschlossen, der auf eine Bedingung wie etwa die Höhe Ihrer Arbeitsleistung rekurriert – denken Sie etwa an eine Bonuszahlung für Mitarbeiter. Die Bedingung, unter der es zur Bonuszahlung kommt, muss nun für beide Seiten verifizierbar sein. Denn sonst kann sich eine Situation einstellen, in der der Mitarbeiter der Meinung ist, er habe die Arbeitsleistung erbracht und man auf Seiten der Betriebsleitung der Ansicht ist, dies war nicht der Fall. Hier genügt es nicht, dass Sie diese Information verifizieren können, auch die andere Seite muss in der Lage sein, die Information zu bestätigen: Man muss Informationen *durchsetzen* können. Das bedeutet konkret, dass alle beteiligten Akteure in unserer Modellwelt und nicht nur Sie der Information vertrauen. Je nach Sachlage kann diese Überprüfung einfach oder kompliziert zu leisten sein.[51]

Ein letzter Punkt soll hier angedeutet werden. Denken Sie zurück an das Kartenspiel über das Internet und nehmen wir doch einmal an, dass die E-Mail über die Karten Ihres Mitspielers vertrauenswürdig ist. Dann stellt sich eine weitere Frage, die für Ihre Entscheidungen von Bedeutung ist. Es macht einen (unter Umständen großen) Unterschied, ob Ihr Gegner über diese E-Mail informiert wurde. Sie wissen zwar, welche Karten er hält – aber weiß er auch, was Sie wissen? Man kann sich leicht Situationen ausmalen, in denen die Antwort auf diese Frage zu unterschiedlichen Reaktionen bei Ihnen führen wird.[52] Wenn Ihr Gegner unbedarft ist, wird er sicherlich

50. Der SÜDDEUTSCHE-Journalist Jürgen Schmieder hat in einem "Selbstversuch" einen Monat lang nicht gelogen und darüber ein amüsantes Buch geschrieben. Dabei stößt er beim Pokerspiel (J. Schmieder, Du sollst nicht lügen! Von einem der auszog, ehrlich zu sein, Bertelsmann 2010, Kapitel 13) auf das von uns beschriebene Problem, was überraschende Folgen hat. Obwohl er offenlegt, dass er die Wahrheit sagen wird, glauben ihm seine Mitspieler zuerst nicht – und Schmieder gewinnt beständig! Als sie verstehen, dass er es ernst meint, dreht sich die Situation und er beginnt zu verlieren...

51. Es gibt nicht wenige Arbeitsverträge, in denen Zielvereinbarungen zu finden sind, die leider Elemente der genannten Unschärfe enthalten können. Denken Sie etwa an eine Formulierung der Form "Engagiert sich der Arbeitnehmer stark, so erhält er eine Zulage in Höhe von X". Was genau soll das heißen und wann wird die Zulage (nicht) gezahlt?

52. Noch ein (unrealistisches) Beispiel wäre folgendes: Gehen Sie davon aus, dass ich die Klausuraufgaben nicht kenne. Dann gibt es zwei Möglichkeiten: Entweder wissen Sie, dass ich die Klausuraufgaben nicht kenne. Dann werden Sie sich sicherlich nicht die Mühe machen, mich zur Klausur zu befragen – es hat ohnehin wenig Sinn. Oder aber Sie wissen nicht, dass ich die Klausuraufgaben nicht kenne. Dann werden Sie mich sicherlich befragen und glauben, viel von mir zu erfahren.

Und diese Überlegungen können wir fortsetzen: Ein bösartiger Lehrer würde beispielsweise, wenn er weiß, dass Sie nicht wissen, dass er die Klausuraufgaben nicht kennt, dies ausnutzen und Sie zwingen, auch vollkommen Irrelevantes zu lernen. Weiß er nicht, das Sie nicht wissen, dass er die Klausuraufgaben nicht kennt, so muss er riskieren, dass sein bösartiges Verhalten auf öffentlichen

anders reagieren als in einer Situation, in der er weiß, was Sie über ihn wissen. Es ist also nicht nur wichtig, dass Sie wissen ob Ihr Gegner Ihr Wissen kennt, sondern es kann auch entscheidend sein, dass er weiß, was Sie über ihn wissen.

Wir erkennen, dass es nicht nur auf unmittelbares Wissen ankommt, sondern es muss auch geklärt sein, welche Kenntnis alle Beteiligten über das gesamte Modell besitzen. Hier sind zwei Extremfälle denkbar. Auf der einen Seite könnten wir annehmen, dass alle Investoren sich neben dem Wissen über die Zustände keine weiteren Gedanken über das zugrunde liegende Modell machen. Sie wissen nicht, was andere wissen und es ist ihnen auch egal. Diesen Standpunkt werden wir nicht einnehmen, weil wir davon ausgehen müssen, dass rationale Investoren alle Möglichkeiten ausschöpfen werden sich zu informieren. Der andere Extremfall wird dagegen von uns vertreten – unsere Investoren sind hoch rational. Das heißt konkret, dass beide Investoren jeweils die Nutzenfunktion und damit die Risikoaversion des anderen, die Wahrscheinlichkeitsverteilungen beider Signale und die Erstausstattungen kennen. Wenn unsere Investoren schon nicht die zukünftigen Zustände der Welt kennen, so denken sie doch über das gesamte Modell des Gleichgewichtes nach. Nichts anderes tun wir in dieser Vorlesung auch. Man spricht hier davon, dass das Modell "common knowledge" ist.

Fassen wir zusammen. Informationen sind für uns durch drei Bedingungen charakterisiert:

1. Informationen sind für uns verifizierbar.

2. Informationen sind auch für Andere verifizierbar (wir können sie durchsetzen).

3. Wir nehmen an, dass alle Beteiligten das Modell vollständig kennen. Nur die einzelnen Zustände sind einigen Investoren nicht bekannt, alle anderen Elemente des Modells dagegen schon.

Im Folgenden werden wir zwei Situationen unterscheiden, deren wir Eigenschaften wir herausarbeiten wollen. Wir werden in einem Fall davon ausgehen, dass alle beteiligten Investoren über identische Informationen verfügen. Man spricht in diesem Fall auch davon, dass "public information" vorliegt. Besitzt dagegen ein Investor mehr Information als ein anderer, mit dem er handeln kann, so werden wir von "private information" reden.

Nun wollen wir eine konkrete Situation vorstellen, die uns in diesem Abschnitt begleiten wird. Wir unterscheiden zwei zukünftige Zeitpunkte $t = 1,2$ und die Gegenwart $t = 0$ ist sicher. Es gibt zwei Investoren, die unterschiedlich informiert sein werden. Ein Investor verfügt über private Information, die dem anderen Investor (noch) nicht zur Verfügung steht – dieser soll erst eine Periode später das Wissen erlangen.

Foren gebrandmarkt wird.

Im letzten Zeitpunkt $t = 2$ stellt sich ein Zustand ein, über den der *informierte* Investor bereits in $t = 1$ alles erfährt, während der *uninformierte* Investor erst in $t = 2$ alles wissen wird (später werden wir die Entscheidung, sich zu informieren, im Modell endogenisieren). Die Abbildung 5 fasst unsere Überlegungen zur Zeitschiene zusammen.

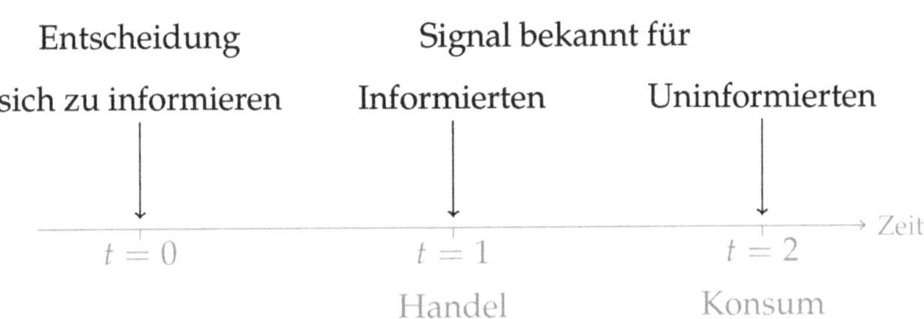

Abbildung 5: Zeitstruktur des Modells.

Informationen werden hier als "Signale" beschrieben. Dem informierten Investor wird in $t = 1$ ein erste Signal übermittelt. Der uninformierte Investor erhält dagegen in diesem Zeitpunkt keinerlei Nachrichten, er wird dieses Signal erst in $t = 2$ erhalten. Dieses Signal werden wir mit ω_1 bezeichnen.

Die Information ist in unsere Modell vorerst eine exogene Variable. Sie steht einigen Investoren kostenlos zur Verfügung, andere haben keinen Zugriff auf die Information. Realistischerweise würden man argumentieren, dass Information nur gegen Kosten beschafft werden kann. Wir werden auf diese Erweiterung des Modells später eingehen und vorerst von exogener Information ausgehen.

Das Modell würde in $t = 1$ trivial werden, wenn dies alle Signale wären, die den Investoren zur Verfügung stehen. Denn bis jetzt ist für den informierten Investor die Zukunft sicher, für den uninformierten aber unsicher. Ein solches Modell ist unzweckmäßig, weil nun der informierte Investor über ein sicheres Asset, der uninformeirte aber über ein scheinbar unsicheres verfügt. Das Handelsmotiv wäre nun nicht Information, sondern Risiko – Risiko aber soll nicht im Vordergrund stehen. Daher müssen beide Investoren in $t = 1$ der Unsicherheit ausgesetzt sein. Wir benötigen eine zweite Quelle der Unsicherheit, und dieses zweite Signal werden wir mit ω_2 bezeichnen. ω_2 werden beide Investoren erst in $t = 2$ beobachten können.

Die Investoren handeln an Märkten, auf denen im Zeitpunkt $t = 1$ Wertpapiere gekauft und verkauft werden können. Wir gehen davon aus, dass es einen risikolosen Titel gibt. Der Einfachheit halber sei der Zinssatz dieses Titels gleich Null, $r_f = 0$. Der Bond kostet in allen Zeitpunkten jeweils eine Geldeinheit, weil der risikolose Zinssatz null beträgt. Den risikolosen Titel nennen wir auch Bond.

Des Weiteren soll eine Aktie ("stock") gehandelt werden, die als Auszahlung am Modellende gerade die Summe beider Signale und 1 erzielen wird. Der Aktienkurs in $t = 2$ ergibt sich aus

$$S_2 = 1 + \omega_1 + \omega_2. \tag{32}$$

Der Preis der Aktie in $t = 1$ (also während des Handels) wird mit S_1 bezeichnet.

Um zu verstehen, wie solche Signale ausgestaltet sein können und welche Konsequenzen dies für das riskante Wertpapier hat, betrachten wir hierzu ein konkretes Beispiel. Man kann sich die Unsicherheit, die wir hier betrachten wollen, am besten an Hand der Abbildungen 6 und 7 verdeutlichen.[53] Beide Signale können jeweils nur einen von zwei Werten annehmen:

$$\omega_1, \omega_2 \in \{+1, -1\}.$$

Der informierte Investor kennt in $t = 1$ das erste Signal und weiß daher, ob dessen Wert $+1$ oder -1 beträgt. Wenn etwa $\omega = +1$ galt, dann weiß er, dass der Cashflow $\widetilde{CF}$ des Wertpapiers nur die beiden Werte $+3$ oder 1 annehmen kann.

Da der uninformierte Investor dieses Signal nicht beobachten konnte, muss er in dieser Situation immer noch davon ausgehen, dass ein Cashflow der Größe -1 denkbar ist. Sie erkennen die public information in den Abbildungen 6 und 7 deutlich. In der Abbildung 7 gibt es eine Verbindungslinie vom oberen Knotenpunkt in $t = 1$ zum untersten Knotenpunkt in $t = 2$, während diese Linie in der Abbildung 6 fehlt. Der informierte Investor sieht sich einer "geringeren" Unsicherheit als der uninformierte gegenüber.

Abbildung 6: Mögliche Aktienkurse beim informierten Investor.

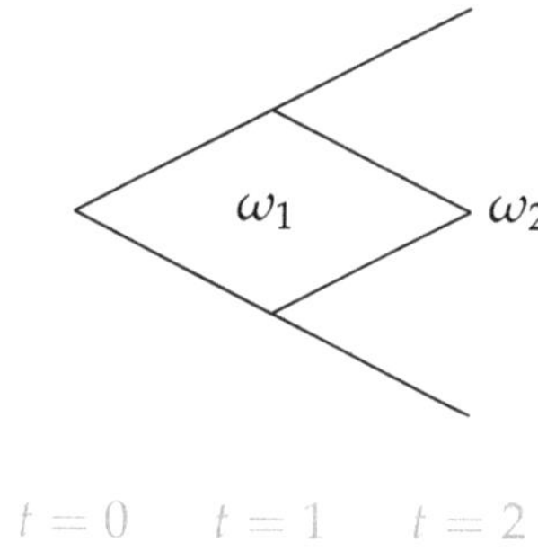

Dieses Beispiel verdeutlicht auch die Unterschiede zu den Modellen, in denen public information herrscht. Dort gehen alle beteiligten Investoren typischerweise vom

53. In diesen Abbildungen wird eine *up-down*-Bewegung den gleichen Zustand wie eine *down-up*-Bewegung ergeben. Das muss nicht immer so ein, wir hatten diese Situation in der Vorlesung "Derivate und ihre Bewertung" als Pfadunabhängigkeit bezeichnet.

Sie erkennen auch, warum wir die Zustände mit Zahlen und nicht wie in der genannten Vorlesung mit den üblichen Buchstaben *uu* (für *up-up*) gekennzeichnet haben. In der rechten Abbildung reicht die Bezeichnung *ud* nicht aus, um den Endzustand zu beschreiben: Dies könnte der mittlere oder der untere Knoten des Zeitpunktes $t = 2$ sein.

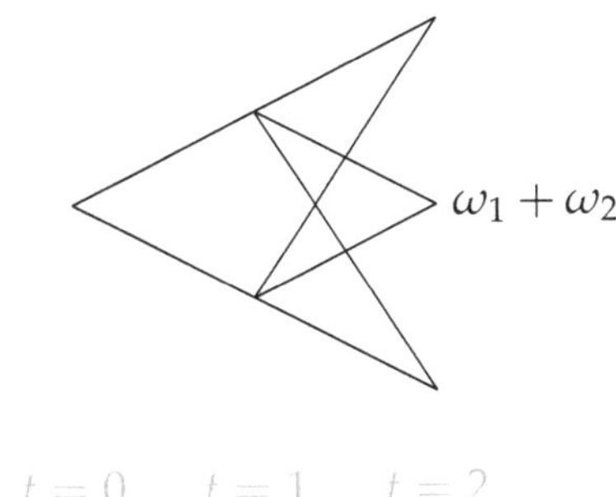

ersten Fall aus, den wir auch als Binomialmodell bezeichnet hatten (weil in jedem Knoten es nur zwei mögliche Verzweigungen gibt). Im zweiten Fall dagegen gibt es zumindest im Zeitpunkt $t=1$ in jedem Knoten drei mögliche Zukunftsbewegungen.

6.2 Vollständige Märkte, Arbitragegelegenheiten und infinite Bets

> **Lernziel:** In der Vergangenheit waren vollständige Märkte die Idealvorstellung. Wir erkennen, dass bei private information vollständige Märkte zu Widersprüchen in der Modellierung (Arbitragegelegenheiten) führen kann.

Bisher haben wir Märkte unter anderem danach unterschieden, wie viele unterschiedliche Wertpapiere gehandelt wurden. Wenn man jedes nur denkbare Wertpapier an einem Markt handeln konnte, haben wir die Märkte vollständig genannt.[54] In vollständigen Märkten kann man jedes Derivat handeln und jedes beliebige Risiko versichern. Bisher galten vollständige Märkte als Idealvorstellung in der Neoklassik und das wird sich nun ändern.

Um zu verstehen, worin die Probleme bestehen, betrachten wir Kaufoptionen (Calls) in unserem Beispiel der Abbildungen 6 und 7. In einem vollständigen Markt müsste es möglich sein, eine Kaufoption (Call) C auf den Basispreis $K=2$ zu erwerben. Diese Option soll eine Geldeinheit auszahlen, wenn sich eine positive Auszahlung des riskanten Wertpapiers (in unserem Fall $\widetilde{CF}_2 = +3$) im Zeitpunkt $t=2$ einstellt. In den beiden anderen Knoten wird die Option wertlos. Welchen Wert hat diese Option im Zeitpunkt $t=1$? Zuerst einmal ist klar, dass die Option nicht einen negativen Preis haben kann, denn die niedrigste denkbare Auszahlung in $t=2$ ist Null. Wenn man in $t=2$ keine Verpflichtungen hat und nur Chancen bestehen, wird man dafür Null oder etwas mehr als Null zahlen.

Nehmen wir zuerst an, dass diese Option im Zeitpunkt $t=1$ zu einem positiven Preis $C_1 > 0$ gehandelt wird. Im Zeitpunkt $t=1$ hat aber der informierte Investor

---

54. Eine präzise Definition geben wir in der Vorlesung "Derivate und ihre Bewertung".

bereits sein privates Signal erhalten und weiß mehr als der uninformierte Investor. Nehmen wir nun an, dass dieses Signal $\omega_1 = -1$ lautete. Dann kann der informierte Investor mit Sicherheit davon ausgehen, dass eine Zahlung in Höhe von $\widetilde{CF} = +3$ gar nicht eintreten wird. Für ihn ist der Call wertlos; er versteht auch nicht, warum man dafür einen positiven Preis zahlen soll. Der uninformierte Investor hat von all dem (noch) nichts mitbekommen und ist der Meinung, dass ein positiver Preis durchaus angemessen ist.

In einer solchen Situation wird der informierte Investor dem uninformierten den Call auch zu einem niedrigeren Preis als C_1 verkaufen wollen und beide sind der Meinung, hier ein vorteilhaftes Geschäft gemacht zu haben: Der informierte Investor hat etwas Wertloses zu einem positives Preis verkauft, der uninformierte Investor hat etwas Wertvolles billiger bekommen. Eine solche Situation kann kein Gleichgewicht sein und wir schließen daraus, dass C_1 nicht positiv sein kann. Wenn $\widetilde{CF}_2 = +3$ vorliegt, können sich Angebot und Nachfrage niemals ausgleichen und bei einem Gleichgewicht müsste hier die Markträumung gelten.[55]

Aber vielleicht folgt aus unseren Überlegungen nur die Tatsache, dass der Call nichts wert ist: $C_1 = 0$? Leider ergibt dies auch keine gleichgewichtige Situation. Wenn der Call wertlos ist, dann wird im Zustand $\omega_1 = -1$ der uninformierte Investor diesen Call unendlich oft nachfragen, weil er der Meinung ist, dass es sich um ein viel zu preiswert angebotenes Wertpapier handelt – immerhin könnte seiner Meinung nach dieser Call noch zur Auszahlung kommen. Und der informierte Investor würde dem uninformierten diesen Call also unendlich oft verkaufen wollen, denn er kann sich sicher sein, dass der Call wertlos ist. Die Nachfrage des Calls wäre unendlich und es kommt nicht zu einer Markträumung.

Die hier beschriebene Situation bezeichnet man in der Literatur als "infinite bets" oder unendliche Wetten. Sie entstehen dadurch, dass beide Investorentypen von unterschiedlichen Informationen ausgehen und glauben, sich gegenseitig übervorteilen zu können. Daher werden wir von jetzt an davon ausgehen müssen, dass die Märkte unvollständig sind. Im Gegensatz zur neoklassischen Sichtweise stellen vollständige Märkte hier gerade nicht die Idealvorstellung dar.

---

55. Es muss in jedem möglichen Zustand zu einer Markträumung kommen.

> **Lernziel:** Wir berechnen Gleichgewichte, bei dem alle Investoren entweder informiert oder alle Investoren uninformiert sind. Wir beweisen drei Resultate:
>
> 1. Mehr Information über eine Aktie führt aus heutiger Sicht zu einem höheren erwarteten Kurs.
>
> 2. Mehr Information über eine Aktie führt aus heutiger Sicht zu einem unsicherem Kurs.
>
> 3. Mehr Information über eine Aktie ändert nicht die Nachfragen der Investoren.

Wir wollen nun ein konkretes Gleichgewicht mit public information (also homogene Information) betrachten. In diesem Beispiel werden eine Vielzahl von einschränkenden Voraussetzungen benötigt, die in der Literatur aber bis heute üblich sind. Dafür aber gelingt uns eine explizite Bestimmung der Gleichgewichtspreise und wir können an Hand der konkreten Ergebnisse prüfen, welche Auswirkungen mehr Informationen hat.

Wir werden allgemeine Voraussetzungen an die Signale $\omega_{1,2}$ formulieren. Beide Signale haben einen Erwartungswert von null, eine Varianz von σ^2 und sind unabhängig voneinander. Wir treffen keine weiteren Annahmen über diese Zufallsvariablen.[56] Unsere Situation entspricht im Grunde der Darstellung in Abbildung 6 sowie 7, wobei dort die Signale nur zwei Möglichkeiten annehmen konnten und jetzt beliebig viele möglich sind.

Beide Investoren haben eine ähnliche Nutzenfunktion. Sie ist vom μ-σ-Typ, wobei für jeden Investor

$$V(\mu, \sigma^2) = \mu - \frac{a}{2}\sigma^2, \qquad a > 0,$$

gilt. Der Koeffizient a ist so etwas wie ein Gradmesser für die Risikoeinstellung der beiden Investoren. Je höher der Koeffizient wird, desto risikoscheuer ist der Investor. Wir werden annehmen, dass dieser Parameter für beide Investoren verschieden ist.[57] Eigentlich müssten wir nun die Parameter und die Nutzenfunktionen mit Indizes kennzeichnen (beispielsweise a^1, a^2), wir wollen momentan aber noch darauf verzichten.

Wir haben Nutzenfunktionen von diesem Typ in der Vorlesung "Entscheidungstheorie" kennengelernt. Damals konnten wir zeigen, dass sie folgende interessante Eigenschaft aufweisen: Wenn ein Investor reicher oder ärmer wird, passt er sein op-

---

56. In der Literatur wird typischerweise noch unterstellt, dass beide Variablen normalverteilt sind. Wir kommen ohne diese Annahme aus.
57. Dies ist notwendig, damit es überhaupt zu einem Handel kommen wird. Das werden wir aber erst später erkennen.

timales riskantes Portfolio nicht an. Wir hatten davon gesprochen, dass es sich um Funktionen mit konstanter absoluter Risikoaversion handelt.[58]

Wie auch im Fall der allgemeinen Gleichgewichtstheorie besitzen die Investoren eine Erstausstattung an den beiden Wertpapieren. Wir nutzen das Symbol s_t für die optimale Menge an riskanten Titeln, die ein Investor im Zeitpunkt t hält. Analog wird mit b_t die Menge an Bonds, die die Investoren halten, bezeichnet. Der Einfachheit halber besitzt jeder Investor jeweils genau ein riskantes Asset (Erstausstattung). Die gesamte Erstausstattung an risikolosen Titeln soll null betragen, die Investoren müssen sich also gegenseitig Kredit oder Geldanlagen gewähren.[59] Man nennt eine solche Situation auch "zero-net supply".

Vorerst konzentrieren wir uns auf den Zeitpunkt $t = 1$. Wir wollen das Gleichgewicht in diesem Zeitpunkt bestimmen. Ein Gleichgewicht liegt vor (siehe Definition 3.2), wenn zwei Bedingungen erfüllt sind:

1. Jeder Investor maximiert seinen Nutzen gegeben die Preise und

2. die Märkte räumen.

Wir wollen daher zuerst die nutzenoptimalen Portfolios beider Investorentypen bestimmen und an dieser Stelle bereits damit beginnen, das unterschiedliche Informationsniveau zweier Investoren zu berücksichtigen. Wir müssen unterscheiden, ob ein Investor die Realisation ω_1 im Zeitpunkt $t = 1$ kennt ("informierter Investor") oder ihm noch für eine Periode verborgen bleibt ("uninformierter Investor"). Für beide Investoren ergeben sich unterschiedliche Lösungen der Maximierungsprobleme. Die Parameter (Nutzenfunktion, Erstausstattung) eines informierten Investors bekommen jetzt den Index i, die Größen eines uninformierten Investors den Index u.

Gleichgewicht mit uninformierten Investoren Wir werden mit der Nutzenmaximierung von uninformierten Investoren beginnen. Ein uninformierter Investor besitzt in $t = 1$ die Erstausstattung von einem riskanten und keinem risikolosen Asset. Ebenso hat er keine Information über die Realisation von ω_1. Er geht davon aus, dass diese Variable ebenso zufällig ist wie ω_2. Damit maximiert er seinen Erwartungsnutzen, gegeben den Preis S_1 des riskanten Assets und gegeben seine Erstausstattung

---

58. In der Literatur geht man typischerweise von Erwartungsnutzenfunktionen aus und verwendet dieselbe Funktionenklasse, also die CARA-Funktionen. Diese sind durch die funktionale Form $-e^{-at}$ charakterisiert.
59. Diese Annahme hat einen einfache Interpretation. Der risikolose Titel soll hier nur dem Zweck dienen, die Umwandlung von riskanten Erstausstattungen in optimale Portfolios zu ermöglichen. Wenn aber der risikolose Titel nur Mittel zum Zweck (genauer: Zahlungsmittel) und nicht eigentliches Ziel des Konsums ist, dann darf es davon weder ein Überangebot noch eine Übernachfrage geben. Wer sich Geld borgen will, muss jemanden finden, der diesen Betrag anlegen möchte.

$$\max_{s^u, b^u} \quad V(\mathrm{E}[s^u \cdot S_2 + b^u \cdot 1], \mathrm{Var}[s^u \cdot S_2 + b^u \cdot 1]), \qquad \text{s.t. } s^u \cdot S_1 + b^u \leq S_1. \tag{33}$$

Setzen wir alle gegebenen Parameter (Nutzenfunktion und Zahlung des riskanten Assets) ein, dann ergibt sich

$$\max_{s^u, b^u} \quad \mathrm{E}[s^u \cdot S_2 + b^u \cdot 1] - \frac{a^u}{2} \mathrm{Var}[s^u \cdot S_2 + b^u \cdot 1], \qquad \text{s.t. } s^u \cdot S_1 + b^u \leq S_1$$

$$\max_{s^u, b^u} \quad s^u + b^u - \frac{a^u}{2}(s^u)^2 \cdot 2 \cdot \sigma^2, \qquad \text{s.t. } s^u \cdot S_1 + b^u = S_1. \tag{34}$$

Die Lösung dieses Maximierungsproblems lautet

$$s^u = \frac{1 - S_1}{2a^u \sigma^2}, \quad b^u = S_1 \left(1 - \frac{1 - S_1}{2a^u \sigma^2}\right). \tag{35}$$

Die Nachfrage nach dem riskanten Asset hängt nicht vom Vermögen in $t = 1$ ab – dies war charakteristisch für Funktionen mit konstanter absoluter Risikoaversion. Das Ergebnis ist auch plausibel: Die Nachfrage steigt im erwarteten Gewinn aus dem Kauf der Aktie ($1 - S_1$ oder erwarteter Erlös minus Preis), in der Risikoaversion (a^u) sowie in der Unsicherheit der Auszahlung (σ^2) fällt die Nachfrage.

Jetzt werden wir in der Lage sein, die Gleichgewichtspreise zu bestimmen. Die Gleichgewichtspreise bringen Angebot und Nachfrage zum Ausgleich. Nach dem Walrasianischen Gesetz genügt es dabei, nur einen Markt (Aktienmarkt oder Bondmarkt) zu betrachten. Wir entschließen uns dazu, den Aktienmarkt zu untersuchen.

Wir vermuten, dass mehr Information über die Aktie Auswirkungen auf den Gleichgewichtspreis haben wird. Insbesondere sollte mehr Information zu einem höheren Aktienkurs führen, denn wer Informationen über ein Wertpapier verschweigt, versucht vermutlich schlechte Nachrichten zu vertuschen. Auf der anderen Seite erwarten wir, dass mehr Information zu einem höheren Nutzen führen wird. Beide intuitive Aussagen wollen wir jetzt überprüfen, indem wir in der gerade angegebenen Reihenfolge die beiden Gleichgewichtspreise ermitteln.

Wir müssen nun die Parameter, genauer die Risikokoeffizienten a, mit Indizes versehen, um zu verdeutlichen, dass es sich um zwei Investoren mit verschiedenen Graden der Risikoscheue handelt. Der erste Investor hat einen Koeffizienten der Risikoaversion von a^1, der zweite Investor von a^2.

Da wir den Gleichgewichtspreis in einer Situation ermitteln, in der beide Investoren uninformiert sind, werden wir ihn mit dem Index u versehen. Er muss dann folgende Bedingung erfüllen:

$$\text{Angebot} = 2 = \frac{1 - S_1^u}{2a^1 \sigma^2} + \frac{1 - S_1^u}{2a^2 \sigma^2} = \text{Nachfrage}.$$

Aus dieser Bedingung erhalten wir sofort den Gleichgewichtspreis für den riskanten Titel

$$S_1^u = 1 - 2\sigma^2 \frac{2}{\frac{1}{a^1} + \frac{1}{a^2}}$$

Wir wollen uns diese Gleichung etwas genauer anschauen. Zuerst fällt der rechte Bruch auf, der die beiden Risikokoeffizienten a^1 und a^2 enthält. Es ist erkennbar, dass dieser Bruch dem harmonischen Mittel der beiden genannten Größen entspricht. Es kommt also beim Gleichgewichtspreis nicht auf die einzelnen Koeffizienten, sondern ihren Durchschnitt (gemessen als harmonisches Mittel) an. Diese Mittel werden wir von nun an mit a^* bezeichnen. Dann hat die Preisgleichung folgende Gestalt

$$S_1^u = \underbrace{1}_{\text{erwart. Auszahlung Aktie}} - \underbrace{2 \cdot \sigma^2 \cdot a^*}_{\text{Risikoprämie}} . \tag{36}$$

Aus dieser Gleichung können wir mehrere Erkenntnisse gewinnen:

– Der Gleichgewichtspreis der Aktie ergibt sich als Differenz der erwarteten Auszahlung der Aktie ($E[1 + \omega_1 + \omega_2] = 1$) und einer Risikoprämie.

– Diese Risikoprämie orientiert sich nicht an der Risikoscheu eines einzelnen Anlegers, sondern an deren Durchschnitt. Dabei kommt es auf das harmonische Mittel an.[60]

– Die Risikoprämie wächst, wenn entweder der durchschnittliche Risikokoeffizient oder die Varianz der beiden Störterme wächst. Dabei kommt es nicht darauf an, ob mehr Risiko vorliegt oder die Investoren "nur" dieses Risiko scheuen. Das Produkt aus a^* und σ^2 beeinflusst den Preis.

Das ist plausibel: Sowohl mehr Risiko als auch mehr Risikoscheu werden dazu führen, dass die Investoren weniger von der Aktie und mehr vom Bond nachfragen werden. Da das Aktienangebot aber fixiert ist, muss der Preis sinken, damit es zu einer Markträumung kommt.

Wir können noch einen Schritt weiter gehen. Da wir nun den Gleichgewichtspreis bestimmt haben, sind wir in der Lage, die Nachfrage der beiden Investoren zu berechnen. Dazu setzen wir die Größe (36) in die Nachfragen beider Investoren ein. Wir erhalten nach kurzen Umformungen

$$\text{Nachfrage Investor 1} = \frac{a^*}{a^1}, \tag{37}$$

$$\text{Nachfrage Investor 2} = \frac{a^*}{a^2}.$$

---

60. Das harmonische Mittel reagiert weniger stark auf Ausreißer, es ist höchstens so groß wie das arithmetische Mittel.

Wir erkennen, wie die Investoren die optimale Allokation von Risiko vornehmen. Sie orientieren sich an dem durchschnittlichen Grad der Risikoscheue, hier gemessen durch das harmonische Mittel der Koeffizienten a^1 und a^2. Wenn ein Investor einen größeren Koeffizienten aufweist, weil er risikoscheuer ist, so wird er weniger als eine Aktie in seinem optimalen Portfolio halten. Er verkauft damit einen Teil seiner Erstausstattung und legt diesen Teil in Bonds an. Der risikofreudigere Investor besitzt einen kleineren Koeffizienten a, er kauft die angebotenen Aktienteile, das dazu notwendige Geld borgt er sich von seinem Kontrahenten.

Die gerade berechneten Nachfragen zeigen uns auch, warum wir in unserem Modell verschiedene Koeffizienten a benötigten. Hätten wir vorausgesetzt, dass beide Investoren gleich risikoscheu sind, wäre es hier nicht zu einem Handel gekommen. Das ist auch plausibel – wenn zwei Investoren in ihren Auffassungen und Einstellungen übereinstimmen, warum sollen sie sich dann einander Aktien und Bonds kaufen oder verkaufen?

Gleichgewicht mit informierten Investoren Jetzt konzentrieren wir uns auf ein Gleichgewicht in $t = 1$, bei dem alle Investoren informiert sein werden. Auch der informierte Investor besitzt in $t = 1$ die Erstausstattung von einem riskanten Asset. Im Gegensatz zum bisher gesagten hat dieser Investor im Zeitpunkt $t = 1$ Information über die Realisation der ersten Zufallsvariable ω_1. Ihm ist der Zustand von ω_1 bekannt, für ihn ist nur die Variable ω_2 eine wirkliche Zufallsvariable. Wenn er jetzt seinen Erwartungsnutzen maximiert, lautet das Problem in $t = 1$

$$\max_{s^i, b^i} \quad V(\mathrm{E}[s^i \cdot S_2 + b^i \cdot 1], \mathrm{Var}[s^i \cdot S_2 + b^i \cdot 1]), \qquad \text{s.t.} \;\; s^i \cdot S_1 + b^i \leq S_1 \qquad (38)$$

Dies ist so zu lesen, dass die Erwartungswerte und Varianzen nur über ω_2 zu bilden sind:

$$\max_{s^i, b^i} \quad \mathrm{E}[s^i \cdot S_2 + b^i \cdot 1] - \frac{a^i}{2}\,\mathrm{Var}[s^i \cdot S_2 + b^i \cdot 1], \qquad \text{s.t.} \;\; s^i \cdot S_1 + b^i \leq S_1$$

$$\max_{s^i, b^i} \quad s^i(1 + \omega_1) + b^i - \frac{a^i}{2}(s^i)^2 \cdot \sigma^2, \qquad \text{s.t.} \;\; s^i \cdot S_1 + b^i = S_1.$$

Der Unterschied zur Maximierung bei uninformierten Investoren ist deutlich erkennbar. Die Lösung dieses Maximierungsproblems lautet jetzt

$$s^i = \frac{1 + \omega_1 - S_1}{a^i \sigma^2}, \quad b^i = S_1 \left(1 - \frac{1 + \omega_1 - S_1}{a^i \sigma^2}\right). \qquad (39)$$

Die Nachfrage nach dem riskanten Asset hängt wieder nicht vom Vermögen in $t = 1$ ab. Auffällig ist bei der Nachfrage eines informierten Investors, dass sie die Realisation des Signals ω_1 enthält. Wieder steigt die Nachfrage im erwarteten Gewinn aus dem Kauf der Aktie ($1 + \omega_1 - S_1$ oder erwarteter Erlös minus Preis) und fällt wieder in der Risikoaversion sowie der Unsicherheit. Die Tatsache, dass das Signal in der Nachfrage auftaucht, wird jetzt eine wichtige Rolle spielen.

Der Gleichgewichtspreis muss nun folgende Bedingung erfüllen:

$$\text{Angebot} = 2 = \frac{1 + \omega_1 - S_1^i}{a^1 \sigma^2} + \frac{1 + \omega_1 - S_1^i}{a^2 \sigma^2} = \text{Nachfrage.}$$

Aus dieser Bedingung erhalten wir nach wenigen Umformungen

$$S_1^i = 1 + \omega_1 - \sigma^2 \frac{2}{\frac{1}{a^1} + \frac{1}{a^2}}$$

Auch diese Gleichung wollen wir etwas genauer betrachten. Wieder erkennen wir rechts das harmonische Mittel der Risikokoeffizienten a^*. Also hat die Preisgleichung folgende Gestalt

$$S_1^i = 1 + \omega_1 - \sigma^2 \cdot a^*. \tag{40}$$

Dieser Preis unterscheidet sich nun von der Situation, die bei uninformierten Investoren vorlag:

– Der in $t = 0$ *erwartete* Gleichgewichtspreis ist höher als in einer Situation, in der nur uninformierte Investoren handeln. Insofern gilt in gewissem Sinne: Mehr Information erhöht den Wert eines Wertpapiers.

– Gleichzeitig stellen wir fest, dass der Aktienkurs das Signal ω_1 selbst enthält. Das bedeutet, dass mehr Information auch zu *unsicheren* Aktienkursen (gesehen vom Zeitpunkt $t = 0$ aus) führen wird. Dieser Punkt wird im nächsten Abschnitt eine wichtige Rolle spielen.

Zuletzt wollen wir wieder die Nachfragen im Gleichgewicht ermitteln. Dazu setzen wir die Größe (40) in die Nachfragen beider Investoren ein. Wir erhalten nach kurzen Umformungen wieder

$$\text{Nachfrage Investor 1} = \frac{a^*}{a^1}, \tag{41}$$

$$\text{Nachfrage Investor 2} = \frac{a^*}{a^2}. \tag{42}$$

Wir erkennen, dass die Änderung in der Information keinen Einfluss auf die optimale Allokation von Risiko ausgeübt hat. Es stellen sich die gleichen Nachfragen ein, wie wir sie im vorigen Abschnitt erhalten haben. Mehr Information ändert die Preise, nicht aber das Verhalten der Investoren.

> **Lernziel:** Wir lernen die Informationsfunktion des Preises kennen: Uninformierte Investoren, die sich geschickt verhalten, gewinnen über den Preis Zugang zur Information.

Nun konzentrieren wir uns auf eine weitere, dritte Situation. Im Gegensatz zu den beiden vorangegangenen Beispielen soll nun private information (inhomogene Information) vorliegen. Während ein Investor informiert ist, besitzt der andere keine Kenntnis der Zufallsvariablen ω_1. Welches Gleichgewicht stellt sich jetzt ein? Nehmen wir der Einfachheit halber an, dass der erste Investor informiert sei. Dann haben wir auf den ersten Blick für den mit S_1 bezeichneten Preis

$$\text{Angebot} = 2 = \frac{1 + \omega_1 - S_1}{a^1 \sigma^2} + \frac{1 - S_1}{2a^2 \sigma^2} = \text{Nachfrage}.$$

Aus dieser Bedingung erhalten wir nach wenigen Umformungen

$$S_1 = 1 - \frac{4\sigma^2 a^1 a^2 - 2a^2 \omega_1}{2a^2 + a^1}.$$

Dieses Ergebnis ist nun aus folgendem Grund bemerkenswert.

Ein uninformierter Investor muss, um sein Maximierungsproblem zu lösen, Kenntnis diverser ökonomischer Größen besitzen. So muss er beispielsweise seine Nutzenfunktion, seine Erstausstattung und auch den Preis der Aktie kennen. Wir sind des weiteren davon ausgegangen, dass der Investor zudem Kenntnis des gesamten Modells besitzt – er weiß also auch, wer mit ihm am Markt handeln wird und weiß er, wie hoch der Koeffizient der Risikoaversion des anderen Investors ist. Dann besteht aber für einen uninformierten Investor die Möglichkeit, durch elementare mathematische Umformungen aus der letzten Gleichung das Ereignis ω_1 zu bestimmen. Der Investor kann also durch Beobachtung des Preises auf die erste, ihm ursprünglich nicht bekannte unsichere Größe, zurückschließen. Das ist es, was wir mit der Informationsfunktion der Preis meinen.

Wir wollen Investoren, die in der Lage sind, derartige Überlegungen anzustellen, geschickte Investoren ("sophisticated investor") nennen. Sie haben Kenntnis des gesamten Modells und sind so in der Lage, auf das ihnen eigentlich unbekannte Signal ω_1 aus dem Preis S_1 zurückzuschließen. Ein ungeschickter Investor ("unsophisticated investors") wäre nicht in der Lage, aus dem Preis das Signal zu bestimmen.

Wenn wir es bei private information mit geschickten Investoren zu tun haben, kann der oben berechnete Preis S_1 kein Gleichgewichtspreis mehr sein. Um ihn zu bestimmen, waren wir davon ausgegangen, dass ein Investor informiert und der andere uninformiert war. Im Laufe der Rechnung haben wir aber gesehen, dass die Modellkenntnis es dem uninformierten Investor ermöglicht, das Signal zurückzurechnen.

Er ist also ein informierter Investor! Dann aber stimmt die Nachfragefunktion, die wir oben eingesetzt hatten, nicht mehr. Unsere Rechnung ist in sich widersprüchlich. Wir haben kein Gleichgewicht bestimmt, sondern wir haben einen Fehler in unserer Herleitung. Anders gesagt: Es gibt kein Gleichgewicht, in dem sowohl informierte als auch uninformierte (aber geschickte) Investoren miteinander handeln.[61] Wir müssen vielmehr davon ausgehen, dass ein uninformierter Investor von vornherein davon ausgeht, dass es sich um ein informiertes Gleichgewicht handelt und dass er gleichzeitig aus dem Preis auf das Signal schließen wird. Nur diese Situation führt zur Übereinstimmung von Angebot und Nachfrage.

Satz 6.1 (Informationsfunktion des Preises). *In einem Gleichgewicht mit mindestens einem informierten Investor gilt:*

- *Es gibt keine uninformierten Investoren, wenn sie geschickt sind. Alle Investoren sind informiert.*

- *Es stellt sich der Gleichgewichtspreis* (40) *ein.*

Diese Aussage ist in ihren Facetten zu Beginn der 80er Jahre mehrfach entdeckt worden. Wir wollen sie ein weiteres Mal in einer anderen Formulierung beweisen, die in der Volkswirtschaftslehre besondere Furore gemacht hat. Um zu verstehen, weshalb der vorangegangene und der nun gleich zu beweisende Satz so viel Aufmerksamkeit erregt haben, lassen Sie uns kurz auf die Einleitung zu diesem Kapitel zurückkehren. Wir haben dort argumentiert, dass der Begriff der Information deshalb in die Gleichgewichtstheorie eingeführt wurde, weil man nur so die an Märkten beobachteten Handelsvolumina glaubte beschreiben zu können. Inzwischen verfügen wir über das Handwerkszeug, dies zu tun. Wir könnten die Idee, wonach an Märkten gehandelt wird, weil informierte und uninformierte Investoren aufeinandertreffen, auch formal umsetzen. Dass es dabei unter Umständen Schwierigkeiten geben wird, deutet Satz 6.1 bereits an.

Milgrom und Stockey gingen 1982 nun einen Schritt weiter.[62] Die Autoren versuchten dabei, das Motiv des Risikotausches und des informationsgebundenen Tausches voneinander präzise zu trennen. Zu diesem Zweck nahmen sie an, dass Investoren in einem Gleichgewichtsmodell genau die Erstausstattung besitzen, die im Fall von public information (alle Investoren besitzen identische Information) nicht mehr zu einem Handel führen würde. Die Gleichungen (41) verraten uns, wie viel jeder Investor dann als Erstausstattung halten würde. Damit ist dem Risikotauschmotiv Genüge getan. Nun verändern Milgrom und Stockey die Situation und sorgen dafür, dass

---

61. Diese Aussage geht inhaltlich auf Hayek zurück, wurde formal aber das erste Mal von Grossman/Stiglitz 1980 (in einem etwas veränderten Modell) bewiesen.
62. In der Originalarbeit wurde ein wesentlich allgemeineres Modell untersucht, Milgrom und Stockey unterstellten sehr allgemeine Nutzenfunktionen.

ein Investor private Information erhält, er erhält also Kenntnis des Signals ω_1. Es ist offensichtlich, dass jeder Handel zwischen den Investoren nun allein auf das Informationsmotiv zurückgeführt werden kann. Wenn getauscht wird, so ist in diesem Setup der Tausch ausschließlich informationsgetrieben. Nach unseren bisherigen Überlegungen muss es in dieser Situation zu einem intensiven Handel kommen, denn wir hatten uns ja vorgenommen, die an realen Finanzmärkten zu beobachtenden hohen Handelsvolumina zu erklären.

Es war nun eine außerordentlich große Überraschung, als Milgrom und Stockey das so genannte no-trade Theorem beweisen konnten. Das Ergebnis zeigt uns klar und deutlich, dass wir das zu Beginn des Abschnitts gesteckte Ziel, Handelsaktivitäten auf Grund von Informationen zu beschreiben, weit verfehlt haben: Es gibt keinen reinen informationsgetriebenen Handel. Heute ist man der Überzeugung, dass ein no-trade Ergebnis nur dadurch überwunden werden kann, indem man irrationale Händler oder andere Formen beschränkter Rationalität zulässt.

Satz 6.2 (no-trade). *Investoren mögen in einem Gleichgewicht mit public Information eine Erstausstattung besitzen, die gleich ist dem optimalen Portfolio aus (37). Es gibt damit kein Risikomotiv zu handeln.*

Erhält ein Investor zusätzlich private Information (gewinnt er also Kenntnis von ω_1), so haben die verbleibenden Investorinnen keinen Anreiz, von ihrer Erstausstattung abzuweichen – sie handeln nicht miteinander.

Beweis: Die Gleichung (37) beschreibt, wie hoch die Erstausstattung der Investoren sein muss, damit es nicht zu einem Handel aus Risikomotiven kommt. Nun wird einem der beiden Investoren ein privates Signal offeriert. Dann aber, das folgt aus Theorem 6.1, stellt sich das Gleichgewicht ein, bei dem alle Investoren informiert sind. Die dazu gehörige Nachfrage ist in Gleichung (41) beschrieben. Das dazu notwendige Handelsvolumen besteht genau in der Differenz der beiden Nachfragen – und ist, wie wir bereits gesehen haben, Null. ∎

Wir beenden diesen Abschnitt mit der Feststellung, dass Preise die Fähigkeit besitzen, Investoren zu informieren. Die Literatur spricht an dieser Stelle auch von "effizienten Märkten", einem Begriff, der auf den Nobelpreisträger Eugene Fama zurückgeht und ganz wesentlich von ihm geprägt wurde. Spätestens seit Beginn der Jahrtausendwende hat hier ein Umdenken der Ökonomen eingesetzt, auf das wir aber (leider) nicht weiter eingehen können. In unserer Welt genügt es, den Investoren die entsprechenden Modelle und Formeln zu präsentieren und diese werden sofort daraus Nutzen ziehen. Wie aber beispielsweise Famas Chicagoer Kollege Richard Thaler und inzwischen viele andere zeigen konnten, geschehen diese Dinge keinesfalls im Selbstlauf. Vielmehr ist es so, dass wir Menschen mit viel Informationen durchaus auch überfordert sein können. Man präsentiert uns die Wahrheit und wir verstehen sie nicht, weil sie schlichtweg zu kompliziert ist. Man spricht in diesem Zusammenhang auch von "beschränkter Rationalität". Die Ökonomen und auch die Finanzierer gelangen langsam zu der Erkenntnis, dass nicht nur Informationen an sich, sondern auch die Fähigkeit, diese aufzunehmen und zu verarbeiten, eine ganz zentrale Rolle auf Finanzmärkten spielt.

EXKURS: EIN BEISPIEL ZUR BESCHRÄNKTEN RATIONALITÄT   Ein schönes Beispiel habe ich der Literatur zur Physik-Didaktik (!) entnehmen können.[63] Nehmen Sie an, dass Sie mehrere Karten eines Spiels zur Hand haben. Jede Karte hat einen Buchstaben auf der einen und eine Zahl auf der anderen Seite. Vier dieser Karten werden aufgedeckt und mögen wie folgt aussehen:

$$\boxed{K} \quad \boxed{7} \quad \boxed{A} \quad \boxed{2}$$

Es soll folgende Eigenschaft diskutiert werden: "Hat eine Karte einen Vokal auf der einen Seite, so ist die Zahl auf der anderen Seite gerade." Wie viel der vier Karten müssen Sie drehen, damit Sie sich absolut sicher sind, dass die genannte Eigenschaft richtig ist?

Die Lösung dieser Aufgabe ist nicht schwer, aber nicht jedem gelingt sie (siehe weiter unten).[64] Eine einfache Umformulierung, die exakt dieselbe logische Struktur des Problems aufweist, führt aber dazu, dass nahezu jeder die Lösung findet.

Stellen Sie sich vor, dass Sie in einer Bar arbeiten; Sie sind verantwortlich dafür, dass die Regeln des Jugendschutzgesetzes eingehalten werden: Niemand über 18 Jahre darf Alkohol trinken. Sie regeln dies dergestalt, dass Sie sich die Bestellungen der Gäste vorlegen lassen; vorn steht das Alter des Kunden, hinten sehen Sie die Bestellung.

Nun sehen Sie die folgenden Bestellkarten:

$$\boxed{52} \quad \boxed{\text{Gin-Tonic}} \quad \boxed{16} \quad \boxed{\text{Cola}}$$

Wie viel Karten müssen Sie umdrehen um sicherzugehen, dass dem Jugendschutzgesetz Genüge getan wurde? Nahezu jeder erkennt sofort, dass es zwei Karten sind, die geprüft werden müssen.[65]

Interessant ist hier nun folgendes. Beide Aufgaben sind logisch völlig äquivalent. Es handelt sich also um die gleiche "Information". Dennoch sind die Fähigkeiten, diese Information zu verarbeiten, völlig unterschiedlich ausgeprägt. Während typi-

---

63. Siehe http://www2.physics.umd.edu/~redish/Book/02.pdf.
64. Die beiden einzig relevanten Karten sind hier zwei (die Vorderseite könnte einen Vokal enthalten und dann wäre die 7 falsch!) und A ("Vokal"). Die beiden müssen Sie also umdrehen.
65. Wer 52 ist, darf trinken, was er will und Cola ist unbedenklich. Die 16-jährige Jugendliche und den Besteller des Gin-Tonic müssen Sie sich näher anschauen.

scherweise höchstens ein Drittel derjenigen, die die erste Aufgabe zu sehen bekommen, diese lösen kann, ist es bei der zweiten Aufgabe eher so, dass fast 90% sofort eine (richtige) Lösung präsentiert. Identische Information löst also völlig unterschiedliche Reaktionen aus. Es kommt nicht nur darauf an, *was* Information vermittelt, sondern auch *wie* sie präsentiert wird. Man spricht hier von "framing", das seit einigen Jahren vor allem in der Psychologie intensiv erforscht wird. Für framing gibt es in unserer Theorie (bisher) keinen Platz.

6.5 Wohlfahrtsanalyse: Werden sich Investoren freiwillig informieren?

> **Lernziel:** Wir vergleichen den Nutzen der Investoren in einem informierten und einem uninformierten Gleichgewicht und stellen fest, dass die Investoren in unserem Modell Information ablehnen.

Zuletzt wollen wir prüfen, ob Investoren von sich aus bereit wären, sich die (bisher kostenlose) Information zu beschaffen. Da die Aktie in einer informierten Welt wertvoller wird, könnte man auf den ersten Blick vermuten, dass eine kostenlose Information von allen Investoren nachgefragt wird. Auf der anderen Seite wird aber auch der Aktienkurs volatiler, und dieses höhere Risiko schmälert die Attraktivität der Information. Welche der beiden Effekte überwiegt, kann man auf den ersten Blick nicht ohne weiteres entscheiden. Wir werden sehen, dass die Unsicherheit der Aktie in unserem Modell stärker wirken wird, so dass Investoren Information ablehnen.

Gleichgewicht in $t = 0$ mit informierten Investoren Wir betrachten ein Gleichgewicht mit informierten Investoren, es stellt sich der Gleichgewichtspreis (40) ein. Welchen Nutzen erzielt jeder informierte Investor im Zeitpunkt $t = 0$? Dies können wir leicht ermitteln, indem wir die Ergebnisse zur optimalen Nachfrage im

Gleichgewicht einsetzen:[66]

$$V^i = E[s^i \cdot S_2 + b^i \cdot 1] - \frac{a}{2} \text{Var}[s^i \cdot S_2 + b^i \cdot 1]$$

$$= E\left[\frac{a^*}{a}(1 + \omega_1 + \omega_2) + (1 + \omega_1 - a^*\sigma^2)(1 - \frac{a^*}{a}) \cdot 1\right] -$$

$$- \frac{a}{2} \text{Var}\left[\frac{a^*}{a}(1 + \omega_1 + \omega_2) + (1 + \omega_1 - a^*\sigma^2)(1 - \frac{a^*}{a}) \cdot 1\right]$$

$$= \frac{a^*}{a} + (1 - a^*\sigma^2)(1 - \frac{a^*}{a}) - \frac{a}{2} \text{Var}\left[\frac{a^*}{a}(\omega_1 + \omega_2) + \omega_1(1 - \frac{a^*}{a})\right]$$

$$= \frac{a^*}{a} + (1 - a^*\sigma^2)(1 - \frac{a^*}{a}) - \frac{a}{2}\left(1 + \left(\frac{a^*}{a}\right)^2\right)\sigma^2$$

$$= 1 + \frac{(a^*)^2 - 2a^*a - (a)^2}{2a}\sigma^2$$

GLEICHGEWICHT IN $t = 0$ MIT UNINFORMIERTEN INVESTOREN Uns interessiert, welche Nutzen die Investoren heute realisieren, wenn ein uninformiertes Gleichgewicht vorliegt. Stellen sie sich besser, wenn sie die Informationen über das Ereignis ω_1 bewusst ignorieren? Wir errechnen den Nutzen der uninformierten Investoren:[67]

$$V^u = E[s^u \cdot S_2 + b^u \cdot 1] - \frac{a^u}{2} \text{Var}[s^u \cdot S_2 + b^u \cdot 1]$$

$$= E\left[\frac{a^*}{a}(1 + \omega_1 + \omega_2) + \left((1 - 2 \cdot \sigma^2 \cdot a^*)(1 - \frac{a^*}{a})\right) \cdot 1\right] -$$

$$- \frac{a}{2} \text{Var}\left[\frac{a^*}{a}(1 + \omega_1 + \omega_2) + \left((1 - 2 \cdot \sigma^2 \cdot a^*)(1 - \frac{a^*}{a})\right) \cdot 1\right]$$

$$= \frac{a^*}{a} + \left((1 - 2\sigma^2 a^*)(1 - \frac{a^*}{a})\right) - \frac{a}{2}\left(\frac{a^*}{a}\right)^2 2\sigma^2$$

$$= 1 + \frac{(a^*)^2 - 2a^*a}{a}\sigma^2$$

Jetzt können wir die Frage aufwerfen, welche der beiden Nutzenwerte der größere ist. Werden Investoren mehr Information nachfragen oder werden sie es unterlassen?

66. Siehe die Preisgleichung (40) auf S. 75 sowie Gleichung (41) zur Nachfrage des informierten Investors auf S. 75.
67. Siehe die Preisgleichung (36) auf S. 73 sowie Gleichung (37) zur Nachfrage des uninformierten Investors auf S. 73.

Der Vergleich ergibt

$$\overbrace{1 + \frac{(a^*)^2 - 2a^*a}{a}\sigma^2}^{\text{uninformiertes GG}} \overset{?}{\underset{>}{}} \overbrace{1 + \frac{(a^*)^2 - 2a^*a - (a)^2}{2a}\sigma^2}^{\text{informiertes GG}}$$

$$\Longleftrightarrow \quad 2(a^*)^2 - 4a^*a \overset{?}{\underset{>}{}} (a^*)^2 - 2a^*a - (a)^2$$

$$\Longleftrightarrow \quad (a^* - a)^2 > 0.$$

Wir halten folgendes fest. [68]

Satz 6.3. *Investoren haben in einem Gleichgewicht ohne Information einen höheren Nutzen. Wenn die Informationsentscheidung endogen ist, werden sie es ablehnen, sich zu informieren.*

Überraschend an diesem Ergebnis ist, dass es der üblichen Intuition etwas zuwiderläuft. Üblicherweise ist man doch der Auffassung, dass mehr Information für alle beteiligten Individuen von Vorteil ist. Wie kann es dann sein, dass uninformierte Investoren keinen Anreiz haben, sich über das Gleichgewicht mehr Informationen zu beschaffen?

Um das Ergebnis zu verstehen, betrachten wir den Konsum der Investoren im Zeitpunkt $t = 2$. Die Investoren in einem informierten Gleichgewicht erzielen offensichtlich einen niedrigeren Nutzen aus ihrem Konsum als die Investoren, die sich in einem uninformierten Gleichgewicht befinden. Worin bestehen die Unterschiede zwischen beiden Konsummengen?

Der Konsum in $t = 2$ setzt sich aus zwei Komponenten zusammen: der Menge riskanten Assets und der Menge an Bonds, die die Investoren schlussendlich halten. Über beide Menge können wir folgendes sagen.

riskante Assets Wir hatten erkannt, dass unabhängig von der Information die Nachfrage nach riskanten Assets identisch ist. Von heute aus gesehen sind die Konsumzahlungen aus dem riskanten Asset in beiden Gleichgewichtssituationen (also im informierten oder uninformierten Fall) identisch. Aus der gehaltenen Menge riskanter Assets erklärt sich nicht, weshalb die Investoren mehr Information ablehnen.

risikoloser Titel Wie bestimmt sich die Nachfrage nach Bonds? Wir hatten gesehen, dass die Investoren im Gleichgewicht den Betrag $\frac{a^*}{a}$ an riskanten Titeln halten. Da ihre Erstausstattung genau ein Titel war, müssen sie je nach Risikoneigung einen Teil des riskanten Wertpapiers verkaufen oder erwerben. Zu diesem

---

68. Wagenhofer und Ewert (A. Wagenhofer und R. Ewert, Externe Unternehmungsrechnung, 6. te Auflage, Springer-Verlag 2005, S. 71) nennen dieses Ergebnis "Informationsablehnungstheorem", da die Investoren es ablehnen sich zu informieren.

Zweck nutzen sie das risikolose Asset. Die Nachfrage nach Bonds richtet sich damit nach der Differenz $1 - \frac{a^*}{a}$ und dem Preis des riskanten Titels.

Nun hatten wir gesehen, dass der Preis des riskanten Titels im informierten Gleichgewicht *unsicherer* ist als im uninformierten Gleichgewicht. Das hat aber zur Folge, dass die damit verbundenen risikolosen Zahlungen (Kreditaufnahme zum Erwerb von Stocks oder Geldanlage aus der Veräußerung nicht benötigter Stocks) in $t = 2$ auch unsicherer sein werden.

Fassen wir zusammen. In beiden Gleichgewichten unterscheiden sich die Zahlungen aus dem riskanten Titel nicht. Jedoch sind die Zahlungen aus dem risikolosen Titel unsicherer, weil damit der zusätzliche Erwerb riskanter Titel finanziert werden muss bzw. überschüssige finanzielle Mittel aus dem Verkauf riskanter Titel investiert werden müssen. Für einen Investor ist also die Gesamtzahlung in einem informierten Gleichgewicht unsicherer als in einem uninformierten Gleichgewicht – und deshalb lehnt er Information, selbst wenn sie kostenlos ist, ab.

Zusammenfassung   Wir wollen die Ergebnisse der letzten Kapitel hier stichpunktartig noch ein mal zusammenfassen. Bei public information galt:

- Tauschökonomien verteilen Risiken auf die Marktteilnehmer.

- Diese Verteilung wird durch den Preis der Wertpapiere koordiniert.

- Das Ergebnis der Verteilung spiegelt die Risikoscheu der Teilnehmer wider.

Im Fall von private information haben wir erkannt:

- Der Preis transportiert auch die Information, die einigen Investoren zur Verfügung stand.

- Der Preis wird, wenn mehr Information zur Verfügung steht, unsicherer. Dies kann dazu führen, dass risikoscheue Investoren mehr Information ablehnen, selbst wenn sie kostenlos ist.

In allen bisherigen Überlegungen war Information ein kostenloses Gut, das ohne Begründung einigen Investoren zur Verfügungen stand, anderen aber nicht. Diese eher problematische Annahme wollen wir zuletzt aufheben. Typischerweise kann man Information erwerben, wenn man die damit verbundenen Kosten aufbringt: Information kann man kaufen.[69] Informationskosten mindern das Vermögen, das informierten Investoren zur Verfügung steht. Üblicherweise nimmt man an, dass diese

---

69. Dabei denken wir nicht nur an den Fall, bei dem man sich bei einem Berater, der Stiftung Warentest oder anderen Institutionen kostenpflichtige Broschüren oder Ratschläge einholt. Auch dann, wenn wir nur Zeit aufwenden, um uns zu informieren, entstehen uns (Opportunitäts-)Kosten.

Informationskosten erst mit dem Konsum in $t = 2$ anfallen und nicht bereits zum Zeitpunkt der Informationsbeschaffung in $t = 1$ bezahlt werden müssen. Man kann zeigen, dass dann sämtliche Ergebnisse, die wir bisher erhalten haben, ohne Änderung gültig bleiben.

ÜBUNGSAUFGABEN ZUR VORLESUNG "KAPITALMARKTTHEORIE"

Univ.–Prof. Dr. Dr. Andreas Löffler

9. August 2024

AUFGABENSET 1: EIN ERSTER BLICK AUF GLEICHGEWICHTE

Aufgabe 1 Betrachten Sie zwei Basiswertpapiere Y^1 und Y^2 mit den folgenden zustandsabhängigen Zahlungsprofilen:

	Zustand 1	Zustand 2
Wahrscheinlichkeit	0,5	0,5
Rückfluss Y^1	-6	10
Rückfluss Y^2	-10	20

Alle Investorinnen besitzen μ–σ–Nutzenfunktionen der Form

$$U(\mathrm{E}[X],\mathrm{Var}[X]) = \mathrm{E}[X] - k \cdot \mathrm{Var}[X].$$

a) Wie groß ist k, wenn eine Investorin indifferent zwischen den beiden Wertpapiere ist?

b) Es sei $k = \frac{5}{161}$. Welchen sicheren Betrag muss die Investorin zum riskanteren der beiden Wertpapiere zusätzlich erhalten, um indifferent zwischen den Wertpapieren zu sein?

Aufgabe 2 Betrachten Sie eine Tauschökonomie, in der ein Gut gehandelt wird. Es gibt zwei mögliche Zustände mit dem Wahrscheinlichkeitsvektor $p = (0{,}25, 0{,}75)$ und dem zustandsabhängigen Preisvektor $P = (3, 1)$. Betrachten Sie eine Konsumentin mit zustandsabhängiger Erstausstattung $\overline{X} = (10, 1)$.

a) Bestimmen Sie den nutzenmaximierenden Nachfragevektor der Konsumentin, wenn ihre Nutzenfunktion $U(X) = \ln(X)$ ist.

b) Bestimmen Sie den nutzenmaximierenden Nachfragevektor der Konsumentin, wenn ihre Nutzenfunktion $U(X) = \sqrt{X}$ ist.

Aufgabe 3 Betrachten Sie erneut das einfache Gleichgewichtsmodell mit μ-σ-Nutzen aus Kapitel 2.3 des Skriptes. Es gibt I Investorinnen mit Nutzenfunktionen der Form

$$U(X^i) = \mathrm{E}[X^i] - \frac{a^i}{2}\mathrm{Var}[X^i],$$

wobei $a^i > 0$ ist. Die Summe der Erstausstattungen aller Investorinnen entspricht dem Marktportfolio $(\overline{M_1}, \overline{M_2})$. Es gilt $P(B^1) = 1$.

a) Bestimmen Sie den Gleichgewichtspreis p des zweiten Basiswertpapiers.

b) Wie verändert sich p, wenn sich I, a^i oder $\overline{M_2}$ ändern?

Aufgabe 4 Betrachten Sie erneut das einfache Gleichgewichtsmodell aus Kapitel 2.4 des Skriptes. Es gibt I Investorinnen mit Nutzenfunktionen der Form[1]

$$U(X^i) = -e^{-a^i X^i}.$$

Die Summe der Erstausstattungen aller Investorinnen entspricht dem Marktportfolio $(\overline{M_1}, \overline{M_2})$. Es gilt $p(B^1) = 1$.

a) Bestimmen Sie den Gleichgewichtspreis p des zweiten Basiswertpapiers.

b) Wie verändert sich p, wenn sich I oder $\overline{M_2}$ ändern?

---

1.   Es handelt sich hierbei um Nutzenfunktionen mit konstanter absoluter Risikoaversion (CARA).

AUFGABENSET 2:   PARETO-OPTIMALITÄT

Aufgabe 1 Betrachten Sie einen Markt mit zwei Investorinnen, die jeweils die Nutzenfunktion $U(X) = \mathrm{E}[X] - \mathrm{Var}[X]$ besitzen. Es gibt kein risikoloses Wertpapier. Es gibt zwei riskante Basiswertpapiere Y^2 und Y^3, die jeweils einen Erwartungswert von 1 und eine Varianz von 1 aufweisen. Die Kovarianz der Wertpapiere beträgt $-0{,}25$. Beide Wertpapiere sind in Besitz der ersten Investorin. Versuchen Sie "durch Probieren" herauszufinden, ob es eine Pareto-Verbesserung gibt.

Aufgabe 2 Betrachten Sie einen Markt mit zwei Investorinnen, die jeweils die Nutzenfunktion $U(X) = \mathrm{E}[X] - \mathrm{Var}[X]$ besitzen. Es gibt ein risikoloses Basiswertpapier Y^1, von dem beide Investorinnen keine Erstausstattung besitzen.[2] Es gibt zudem ein riskantes Basiswertpapier Y^2, von dem 3 Stück am Markt gehandelt werden. Y^2 hat einen Erwartungswert von 3 und eine Varianz von 1.

Zeigen Sie, dass eine Allokation, in der die erste Investorin $X^1 = (4, \frac{3}{2})$ und die zweite Investorin $X^2 = (-4, \frac{3}{2})$ besitzt, Pareto-optimal ist. Betrachten Sie hierzu folgendes Maximierungsproblem:

- Wir nehmen an, dass der Nutzen der zweiten Investorin konstant ist und eine Nebenbedingung der Maximierung darstellt:

$$X_1^2 \, \mathrm{E}[Y^1] + X_2^2 \, \mathrm{E}[Y^2] - (X_2^2)^2 \, \mathrm{Var}[Y^2] = -4 + \frac{3}{2}3 - \left(\frac{3}{2}\right)^2$$

- Es können nicht mehr Basiswertpapiere verteilt werden, als insgesamt am Markt vorhanden sind. Dies impliziert die folgenden weiteren Nebenbedingungen:

$$X_1^1 + X_1^2 = 0$$
$$X_2^1 + X_2^2 = 2$$

---

2. Man spricht von "zero net supply". Das risikolose Wertpapiere spielt hier die Rolle von Geld im Markt: Wenn eine Investorin Geld leihen will, muss es eine andere Investorin geben, die bereit ist einen Kredit in gleicher Höhe zu geben.

– Unter diesen Nebenbedingungen maximieren wir den Nutzen der ersten Investorin:[3]

$$\max_{X_1^1, X_2^1} \quad X_1^1\, \mathrm{E}[Y^1] + X_2^1\, \mathrm{E}[Y^2] - (X_1^2)^2\, \mathrm{Var}[Y^2]$$

Zeigen Sie, dass die oben genannten Werte eine Lösung des Maximierungsproblems darstellen.

3. Hier wird der Nutzen der ersten Investorin maximiert und der der zweiten Investorin konstant gehalten. Man kann dies auch umdrehen und den Nutzen der zweiten Investorin maximieren während der Nutzen der ersten Investorin konstant bleibt. Dies kann zu einer anderen Lösung (i.e., einem anderen Pareto-Optimum) führen.

AUFGABENSET 3: μ-σ-GLEICHGEWICHT (1/3)

Aufgabe 1 Nehmen Sie an, dass das Preisportfolio m risikolos ist. Zeigen Sie, dass dann alle am Markt gehandelten Wertpapiere eine erwartete Rendite von r_f aufweisen.

Aufgabe 2 Betrachten Sie einen Kapitalmarkt in drei Zuständen $s = 1, 2, 3$ mit identischen Eintrittswahrscheinlichkeiten.[4] Der Preis eines Portfolios X ist durch die folgende Gleichung gegeben:

$$P(X) = 0{,}3 \cdot X_1 + 0{,}5 \cdot X_2 + 0{,}2 \cdot X_3.$$

a) Zeigen Sie, dass der Preis arbitragefrei ist: Er ist erstens *linear*[5] und er ist zweitens *monoton*[6].

b) Zeigen Sie, dass der risikolose Zins $r_f = 0\%$ beträgt.

> *Hinweis. Da die Preisgleichung (4) aus dem Skript gelten muss, sollten Sie diese auf das risikolose Asset anwenden, um so das Ergebnis zu erzielen.*

c) Gemäß des Fundamentalsatzes existiert eine risikoneutrale Wahrscheinlichkeit Q. Bestimmen Sie Q.

> *Hinweis. Es bietet sich zur Bestimmung von Q an, die Preisgleichung (13) aus dem Skript für alle drei so genannten Arrow-Debreu-Titel anzuwenden. Hierbei handelt es sich um Wertpapiere, die in genau einem Zustand eine Einheit auszahlen und sonst nichts.*

d) Dem Fundamentalsatz zufolge existiert ein Preisportfolio m. Bestimmen Sie m.

e) Angenommen, die Preisformel lautet

$$P(X) = -0{,}3 \cdot X_1 + 0{,}5 \cdot X_2 + 0{,}2 \cdot X_3.$$

Zeigen Sie, dass die Voraussetzung der Monotonie verletzt ist. Finden Sie eine Arbitragegelegenheit.

---

4.   Ein Portfolio wird also durch einen Vektor X mit drei Einträgen beschrieben.
5.   Das bedeutet $P(X + Y) = P(X) + P(Y)$ sowie $P(aX) = aP(X)$ für alle $a \in \mathbb{R}$.
6.   Wenn $X \geq 0$, dann gilt auch $P(X) \geq 0$.

Aufgabe 3 Betrachten Sie das Preisportfolio m aus Aufgabe 2. Für dieses Preisportfolio gilt die Wertpapiermarktlinie (Satz 4.1 im Skript).

a) Bestimmen Sie die Rendite r_m des Preisportfolios.

b) Bestimmen Sie $P(m)$, $\mathrm{E}[r_m]$ und $\mathrm{Var}[r_m]$.

Aufgabe 4 Für ein Preisportfolio m gilt die Wertpapiermarktlinie. Diese gilt diese auch dann, wenn man m durch eine Konvexkombination aus m und dem risikolosen Wertpapier ersetzt.

Es sei m das Preisportfolio und $m' = bm + c \cdot \mathbf{1}$.

a) Zeigen Sie, dass aus $\mathrm{E}[m] = \mathrm{E}[m'] = 1$ folgt, dass $'m$ eine Konvexkombination ist, dass also $b + c = 1$ gilt.

b) Zeigen Sie, dass die Rendite r'_m dem preisgewichteten Mittel der Rendite r_m und des risikolosen Zinses r_f entspricht. Also:

$$r_{m'} = r_m \frac{P(m)}{(1-c)P(m) + cP(\mathbf{1})} + r_f \frac{cP(\mathbf{1})}{(1-c)P(m) + cP(\mathbf{1})}.$$

c) Zeigen Sie, dass die Differenz $\mathrm{E}[r_{m'} - r_f]$ gegeben ist durch das Produkt

$$\frac{(1-c)P(m)}{P(m')} \, \mathrm{E}[r_m - r_f].$$

d) Zeigen Sie, dass das von m' bestimmte "neue" Beta eines beliebigen Portfolios X gegeben ist durch

$$\frac{P(m')}{(1-c)P(m)} \beta_X,$$

wobei β_X das "alte" Beta (unter m) des Portfolios ist.

AUFGABENSET 4: μ-σ-GLEICHGEWICHT (2/3)

Aufgabe 1 Betrachten Sie einen Kapitalmarkt, an dem ein sicheres Wertpapier Y^1 und zwei riskante Wertpapiere Y^2 und Y^3 gehandelt werden. Der risikolose Zinssatz beträgt $r_f = 0{,}04$. Die riskanten Wertpapiere weisen folgende Preise und zustandsabhängigen Rückflüsse auf:

Zustand	Preis	1	2	3	4
Wahrscheinlichkeit	−	0,15	0,25	0,50	0,10
Rückfluss Y^2	100	102	104	106	110
Rückfluss Y^3	200	208	212	208	204

a) Ermitteln Sie die Erwartungswerte und Varianzen sowie die die Kovarianz der Rückflüsse und Renditen der riskanten Wertpapiere.

b) Die Struktur des Marktportfolios im Gleichgewicht sei gegeben durch $\omega_2 = 0{,}3892$, $\omega_3 = 0{,}6107$ und das Marktportfolio besitze einen Marktwert von $V = P(Y^2)\overline{X}_2 + P(Y^3)\overline{X}_3 = 16000$. Wie viele Einheiten $\overline{X}_2$ von Y^2 und $\overline{X}_3$ von Y^3 sind insgesamt auf dem Markt verfügbar?

c) Angenommen, auf dem Markt agieren nur zwei Investorinnen A und B mit den μ-σ-Nutzenfunktion U^A und U^B, sodass:

$$\frac{\partial U^A}{\partial \sigma^2} = 4\frac{\partial U^B}{\partial \sigma^2} \quad \text{und} \quad \frac{\partial U^A}{\partial \mu} = \frac{\partial U^B}{\partial \mu}$$

Bestimmen Sie die Gleichgewichtsnachfragen nach Y^2 und Y^3 der beiden Investorinnen.

Aufgabe 2 Das Marktportfolio ist charakterisiert durch eine erwartete Rendite von $\mathrm{E}[r_M] = 0{,}115$ sowie eine Wahrscheinlichkeitsverteilung der Rendite von:

Zustand	1	2
Rendite Marktportfolio	?	0,08
Wahrscheinlichkeit	0,5	0,5

Der risikolose Zinssatz beträgt $r_f = 0{,}1$. Bestimmen Sie den Preis einer Investition in das Marktportfolio mit dem folgenden zustandsabhängigen Zahlungsprofil.

Zustand	1	2
Rückfluss	100	200
Wahrscheinlichkeit	0,5	0,5

Aufgabe 3 An einem Markt werden ein risikoloses Wertpapier Y^1 und zwei riskante Wertpapiere Y^2, Y^3 gehandelt. Die Kovarianzmatrix der riskanten Wertpapiere ist

$$\begin{pmatrix} 0{,}5 & 0{,}1 \\ 0{,}1 & 0{,}7 \end{pmatrix}$$

und es sind

$$E[Y^1] = 1, \quad E[Y^2] = 2, \quad E[Y^3] = 1.$$

a) Betrachten Sie ein Portfolio X aus einem Teil α von Y^2 und einem Anteil $1 - \alpha$ von Y^3. Geben Sie Gleichungen für den Erwartungswert und die Standardabweichung des Portfolios in Abhängigkeit von α an. Berechnen Sie die Erwartungswerte und Standardabweichungen für mehrere Werte für α und tragen diese in ein Standardabweichung–Erwartungswert–Diagramm ein.[7]

b) Betrachten Sie ein Portfolio X' aus einem Teil β von Y^1 und einem Teil $1 - \beta$ des Portfolios X. Bestimmen Sie die Kombinationen aus Erwartungswert und Standardabweichung für verschiedene Werte von $\beta \in [0,1]$ für $\alpha = 0$ und $\alpha = 1$ und tragen diese in das Standardabweichung–Erwartungswert–Diagramm ein.

c) Betrachten Sie ein Portfolio mit einem Erwartungswert von 1 und einer Varianz von 0,4. Ist dieses Portfolio attraktiver als eine der oben angegebenen Kombinationen von Y^2 und Y^3?

---

7.   Die Standardabweichung wird auf der x-Achse abgetragen, der Erwartungswert auf der y-Achse.

AUFGABENSET 5: μ-σ-GLEICHGEWICHT (3/3)

Aufgabe 1 Betrachten Sie einen Kapitalmarkt an dem ein risikoloses Wertpapier und 10 riskante Wertpapiere gehandelt werden. Die Rendite des Marktportfolio ist gekennzeichnet durch $E[r_M] = 0{,}12$ und $SD[r_M] = 0{,}15$. Es sind zudem $Cov[r_2, r_M] = 0{,}018$, $Cov[r_3, r_M] = 0{,}045$ und $E[r_2] = 0{,}112$.

   a) Bestimmen Sie die Risikoprämie $\beta_2(E[r_M] - r_f)$ des zweiten Wertpapiers.

   b) Bestimmen Sie die erwartete Rendite des dritten Wertpapiers.

Aufgabe 2 Betrachten Sie einen Kapitalmarkt an dem 5 riskante Wertpapiere gehandelt werden. Die Betafaktoren und Marktkapitalisierungen der Wertpapiere sind:

Wertpapier	Y^2	Y^3	Y^4	Y^5	Y^6
Betafaktor	$\beta_2 = 0{,}5$	$\beta_3 = 2$	$\beta_4 =?$	$\beta_5 = 1$	$\beta_6 = 3$
Marktkapitalisierung	160	120	80	80	60

Die Rendite des Marktportfolios ist durch folgende Wahrscheinlichkeitsverteilung gekennzeichnet:

Zustand	1	2	3	4	5
Rendite	0,07	0,09	0,11	0,13	0,15
Wahrscheinlichkeit	0,1	0,2	0,4	0,2	0,1

Der risikolose Zinssatz beträgt $r_f = 0{,}06$.

   a) Bestimmen Sie die Struktur des Marktportfolios.

   b) Zeigen Sie, dass $\beta_M = \sum_{n=2}^{6} \omega_n \beta_n$ gilt.

   c) Berechnen Sie die erwarteten Renditen der einzelnen Wertpapiere.

Aufgabe 3 An einem Kapitalmarkt werden zwei riskante Wertpapiere mit dem folgenden zustandsabhängigen Preis- und Zahlungsprofilen.

	Zustand	Preis	1	2	3
Wahrscheinlichkeit		–	0,6	0,3	0,1
Rückfluss Y^2		100	105	120	110
Rückfluss Y^3		100	130	100	105

Die Struktur des Marktportfolios ist gegeben durch $\omega_2 = 2/3$. Der risikoloser Zinssatz beträgt $r_f = 0{,}1$. Bestimmen Sie den Preis einer Sachinvestition E mit Anschaffungskosten $I = 100$ und dem folgenden zustandsabhängigen Rückflussprofil.

Zustand	1	2	3
Rückfluss	125	122	118
Wahrscheinlichkeit	0,6	0,3	0,1

AUFGABENSET 6: ERWARTUNGSNUTZENGLEICHGEWICHT

Aufgabe 1 Betrachten Sie eine Ökonomie mit einem Gut. Es gibt zwei Zustände $s = 1,2$ mit den Wahrscheinlichkeiten $(p, 1 - p)$. Der Preis des Gutes in Zustand s wird bezeichnet mit $P(s)$. Es gibt insgesamt zwei Investorinnengruppen: 5 Investorinnen besitzen im ersten Zustand jeweils 10 und im zweiten Zustand jeweils 0 Einheiten des Gutes. 5 weitere Investorinnen besitzen im ersten Zustand jeweils 0 und im zweiten Zustand jeweils 10 Einheiten des Gutes. Alle Investorinnen besitzen Nutzenfunktionen der Form $U(X) = \ln X$.

a) Bestimmen Sie die Gleichgewichtsallokationen der Investorinnen der unterschiedlichen Gruppen.

b) In welcher Relation müssen die Gleichgewichtspreise zueinander stehen?

Nehmen Sie in den beiden folgenden Aufgaben an, dass die Annahme der Zeit- und Zustandsseparation für den Erwartungsnutzen der Investorinnen gilt. Diese besagt, dass die Präferenzen der Investorinnen über verschiedene Zeitpunkte und Zustände hinweg stabil sind. Formal:

$$\forall i, t, s: \quad \mathrm{E}[U(C_t^i(s))] = \sum_{s=1}^{S} p_s U(C_t^i(s))$$

Aufgabe 2 Es existieren zwei Investorinnen A und B, die Nutzen aus zeit- und zustandsspezifischem Konsum ziehen. Der Konsum von Investorin i im Zeitpunkt t und Zustand s wird bezeichnet mit $C_t^i(s)$. Die Nutzenfunktionen beider Investorinnen haben die Form $U(X) = \ln X$. Die Investorinnen wählen im Zeitpunkt $t = 0$ (Gegenwart) ihren Konsum im Zeitpunkt $t = 1$ (Zukunft) für die Zuständen $s = 1,2$ mit den Wahrscheinlichkeiten $p_s = (0{,}25, 0{,}75)$. Die Investorinnen besitzen folgenden zustandsabhängigen zukünftigen Erstausstattungen $\overline{C}_1^A = (8,2)$ bzw. $\overline{C}_1^B = (4,6)$. Der zustandsabhängige Preis eines zukünftigen Konsumanspruchs wird bezeichnet mit $P(s)$.

a) Stellen Sie das Optimierungsproblem dar. Wie lauten die Optimalitätsbedingungen erster Ordnung?

b) Bestimmen Sie die Gleichgewichtsallokationen der beiden Investorinnen sowie die Gleichgewichtspreise.

Aufgabe 3 Betrachten Sie erneut das Setting aus Aufgabe 2. Die Investorinnen A und B haben nun die Möglichkeit, bereits in $t = 0$ (Gegenwart) zu konsumieren. Der gegenwärtige Konsum von Investorin i in wird mit C_0^i bezeichnet. Die gegenwärtige Erstausstattung beider Investorinnen beträgt jeweils $\overline{C}_0^A = \overline{C}_0^B = 5$. Der Preis des gegenwärtigen Konsums ist $P_0 = 1$.

a) Stellen Sie das Optimierungsproblem dar. Wie lauten die Optimalitätsbedingungen erster Ordnung?

b) Bestimmen Sie die Gleichgewichtsallokationen der beiden Investorinnen sowie die Gleichgewichtspreise.

c) Bestimmen Sie $m_1(s) = U'(C_1(s))/U'(C_0)$. Zeigen Sie, dass über die Gleichung $P = \mathrm{E}[mx]$ Preise ermittelt werden können.

d) Vergleichen Sie die Nutzenniveaus vor und nach dem Handel.

Die in den vorangehenden Aufgaben betrachteten Modelle können um die Annahme erweitert werden, dass Investorinnen ihren zukünftigen Konsum durch den Handel mit Wertpapieren finanzieren. Die resultierenden Modelle sind jedoch zu unübersichtlich, um an dieser Stelle behandelt zu werden.

AUFGABENSET 7: INFORMATIONSGLEICHGEWICHT

Aufgabe 1 Betrachten Sie einen Kapitalmarkt an dem ein risikoloses Wertpapier B und ein riskantes Wertpapier S in zwei Zeitpunkten $t = 1, 2$ gehandelt werden. Es gibt insgesamt 10 Investorinnen. Drei Investorinnen verfügen zum Zeitpunkt $t = 1$ über private Informationen ω_1. Sieben Investorinnen sind uninformiert. Die informierten Investorinnen besitzen die Nutzenfunktion $V^I(X) = E[X] - \text{Var}[X]$ und eine Erstausstattung mit Wertpapieren von $\bar{s}_1^I = 10$ und $\bar{b}_1^I = 0$. Die uninformierten Investorinnen besitzen die Nutzenfunktion $V^U(X) = E[X] - 4\,\text{Var}[X]$ und eine Erstausstattung mit Wertpapieren von $\bar{s}_1^u = 1$ und $\bar{b}_1^u = 0$. Die uninformierten Investorinnen kennen die Nutzenfunktion der informierten Investorinnen nicht und können daher aus den Gleichgewichtspreisen nicht auf deren private Informationen schließen. Berechnen Sie die Preise und die Allokationen der informierten und uninformierten Investorinnen im Gleichgewicht.

Aufgabe 2 Betrachten Sie erneut das Setting aus Aufgabe 1. Es gibt nun jedoch nur zwei Investorinnen. Die informierte Investorin besitzt private Informationen ω_1 in Zeitpunkt 1. Ihre Nutzenfunktion ist $V^I(X) = E[X] - 4\,\text{Var}[X]$ und ihre Erstausstattung $\bar{s}_1^I = 10$ und $\bar{b}_1^I = 0$. Die uninformierte Investorin besitzt die Nutzenfunktion $V^U(X) = E[X] - \text{Var}[X]$ und die Erstausstattung $\bar{s}_1^u = 1$ und $\bar{b}_1^u = 0$. Es gilt $E(\omega_1) = E(\omega_2) = 2$. Berechnen Sie die Preise und die Allokationen der informierten und uninformierten Investorinnen im Gleichgewicht.

LÖSUNGSSKIZZE ZUM AUFGABENSET 1

Aufgabe 1 a) Die Erwartungswerte der Rückflüsse der Wertpapiere Y^1 und Y^2 sind gegeben durch:

$$E[Y^1] = 0{,}5 \cdot (-6) + 0{,}5 \cdot 10 = 2, \quad E[Y^2] = 0{,}5 \cdot (-10) + 0{,}5 \cdot 20 = 5$$

Die Varianzen der Rückflüsse der Wertpapiere Y^1 und Y^2 sind gegeben durch:

$$\mathrm{Var}[Y^1] = 0{,}5 \cdot (-6 - 2)^2 + 0{,}5 \cdot (10 - 2)^2 = 64$$
$$\mathrm{Var}[Y^2] = 0{,}5 \cdot (-10 - 5)^2 + 0{,}5 \cdot (20 - 5)^2 = 225$$

Die Nutzenfunktion der Investorin ist:

$$U(X) = E[X] - k \cdot \mathrm{Var}[X]$$

Da die Investorin zwischen beiden Wertpapiere indifferent ist, muss der Nutzen beider Wertpapiere gleich sein. Das heißt:

$$U(Y^1) = U(Y^2)$$
$$\Leftrightarrow 2 - k \cdot 64 = 5 - k \cdot 225 = U(Y^2)$$
$$\Leftrightarrow k \cdot 161 = 3$$
$$\Leftrightarrow k = \frac{3}{161}$$
$$\Leftrightarrow k \approx 0{,}018$$

b) In *a)* haben wir folgende Werte für das Wertpapier Y^1 errechnet:

$$E[Y^1] = 2, \quad \mathrm{Var}[Y^1] = 64$$

Mit $k = \frac{5}{161}$ ist somit

$$U(Y^1) = 2 - \frac{5}{161} \cdot 64.$$

Der Erwartungswert des Wertpapiers Y^2 mit zusätzlichem Betrag $\bar{c}$ und die Varianz für Y^2 sind gegeben durch:

$$E[Y^2] + \bar{c} = 5 + \bar{c}, \quad \text{Var}[Y^2] = 225$$

Der Erwartungsnutzen des Wertpapiers Y^2 mit zusätzlichem Betrag $\bar{c}$ ist somit:

$$U(Y^2, \bar{c}) = 5 + \bar{c} - \frac{5}{161} \cdot 225$$

Da die Investorin zwischen beiden Wertpapiere indifferent ist, muss der Nutzen beider Wertpapiere gleich sein. Das heißt:

$$2 - \frac{5}{161} \cdot 64 = 5 + \bar{c} - \frac{5}{161} \cdot 225$$

$$\Leftrightarrow -3 + (225 - 64)\frac{5}{161} = \bar{c}$$

$$\Leftrightarrow \bar{c} = 2$$

Aufgabe 2 a) Der Erwartungsnutzen ist gegeben durch

$$E[U(X_1), U(X_2)] = p_1 U(X_1) + p_2 U(X_2)$$
$$= 0{,}25 \ln X_1 + 0{,}75 \ln X_2$$

und die Budgetbeschränkung lautet

$$= P_1 X_1 + P_2 X_2 - (P_1 \overline{X}_1 + P_2 \overline{X}_2)$$
$$= 3X_1 + X_2 - 31.$$

Die Lagrange-Funktion des Optimierungsproblems ist somit:

$$\mathcal{L}(X_1, X_2, \lambda) = 0{,}25 \ln X_1 + 0{,}75 \ln X_2 - \lambda(3X_1 + X_2 - 31)$$

Die Optimalitätskriterien sind:

$$\frac{\partial \mathcal{L}}{\partial X_1} = 0{,}25 \frac{1}{X_1} - 3\lambda \stackrel{!}{=} 0 \tag{1}$$

$$\frac{\partial \mathcal{L}}{\partial X_2} = 0{,}75 \frac{1}{X_2} - \lambda \stackrel{!}{=} 0 \tag{2}$$

$$\frac{\partial \mathcal{L}}{\partial \lambda} = -(3X_1 + X_2 - 31) \stackrel{!}{=} 0 \tag{3}$$

Wir stellen zunächst (1) nach X_1 um:

$$0{,}25\frac{1}{X_1} - 3\lambda = 0$$

$$\Leftrightarrow \frac{1}{X_1} = \frac{3\lambda}{0{,}25}$$

$$\Leftrightarrow X_1 = \frac{0{,}25}{3\lambda}$$

Nun stellen wir (2) nach X_2 um:

$$0{,}75\frac{1}{X_2} - \lambda = 0$$

$$\Leftrightarrow \frac{1}{X_2} = \frac{\lambda}{0{,}75}$$

$$\Leftrightarrow X_2 = \frac{0{,}75}{\lambda}$$

Diese Ausdrücke für X_1 und X_2 setzen wir in (3) ein und erhalten so:

$$-3\left(\frac{0{,}25}{3\lambda}\right) - \frac{0{,}75}{\lambda} = -31$$

$$\Leftrightarrow -0{,}25 - 0{,}75 = -31\lambda$$

$$\Leftrightarrow \frac{1}{31} = \lambda$$

$$\Leftrightarrow \lambda \approx 0{,}032$$

Hiermit ergeben sich für X_1 und X_2:

$$X_1 \approx 2{,}58$$

$$X_2 \approx 23{,}25$$

Diese Werte erfüllen die Nebenbedingung $3X_1 + X_2 = 31$ und stellen die Lösung des Optimierungsproblems dar. Der nutzenmaximierende Nachfragevektor ist $(\hat{X}_1, \hat{X}_2) \approx (2{,}58, 23{,}25)$.

b) Die Nutzenfunktion der Konsumentin ist $u(X) = \sqrt{X}$. Alle anderen Annahmen sind wie in Aufgabenteil a).

Die Lagrange-Funktion des Optimierungsproblems lautet:

$$\mathcal{L}(X_1, X_2, \lambda) = 0{,}25\sqrt{X_1} + 0{,}75\sqrt{X_2} - \lambda(3X_1 + X_2 - 31)$$

Die Optimalitätskriterien sind:

$$\frac{\partial \mathcal{L}}{\partial X_1} = \frac{0{,}25}{2\sqrt{X_1}} - 3\lambda \overset{!}{=} 0 \tag{4}$$

$$\frac{\partial \mathcal{L}}{\partial X_2} = \frac{0{,}75}{2\sqrt{X_2}} - \lambda \overset{!}{=} 0 \tag{5}$$

$$\frac{\partial \mathcal{L}}{\partial \lambda} = -(3X_1 + X_2 - 31) \overset{!}{=} 0 \tag{6}$$

Wir stellen zunächst (4) nach X_1 um:

$$\frac{0{,}25}{2\sqrt{X_1}} - 3\lambda = 0$$

$$\Leftrightarrow X_1 = \left(\frac{0{,}25}{6\lambda}\right)^2$$

Nun stellen wir (5) nach X_2 um:

$$\frac{0{,}75}{2\sqrt{X_2}} - \lambda = 0$$

$$\Leftrightarrow X_2 = \left(\frac{0{,}75}{2\lambda}\right)^2$$

Diese Ausdrücke für X_1 und X_2 wir in (6) ein und erhalten so:

$$3\left(\frac{0{,}25}{6\lambda}\right)^2 + \left(\frac{0{,}75}{2\lambda}\right)^2 = 31$$

$$\Leftrightarrow \frac{0{,}1875 + 9 \cdot 0{,}5625}{36\lambda^2} = 31$$

$$\Leftrightarrow \frac{5{,}25}{36\lambda^2} = 31$$

$$\Leftrightarrow \lambda = \pm\sqrt{\frac{5{,}25}{1116}}$$

$$\Leftrightarrow \lambda \approx \pm 0{,}068$$

Hiermit ergeben sich für X_1 und X_2:

$$X_1 \approx 0{,}37$$

$$X_2 \approx 29{,}89$$

Diese Werte erfüllen die Nebenbedingung $3X_1 + X_2 = 31$ und stellen die Lösung des Optimierungsproblems dar.[8] Der nutzenmaximierende Nach-

---

8. Für λ haben wir zwei Ergebnisse erhalten: 0,068 und $-0{,}068$. In ökonomischen Kontexten betrachtet man in solchen Fällen üblicherweise nur den positiven Wert. Denn λ repräsentiert den sogenannten

fragevektor ist $(\hat{X}_1, \hat{X}_2) \approx (0{,}37, 29{,}89)$.

Aufgabe 3 a) Analog zum Skript können wir die Nachfrage nach dem zweiten Basiswertpapier bestimmen. Das Maximierungsproblem in Variablendarstellung lautet:

$$\max_{X_1^i, X_2^i} \quad X_1^i + X_2^i - \frac{a^i}{2}(X_2^i)^2 \quad \text{s.t. } X_1^i + p \cdot X_2^i = w^i$$

Daraus erhalten wir:

$$\max_{X_2^i} \quad w^i - pX_2^i + X_2^i - \frac{a^i}{2}(X_2^i)^2$$

Dieses Problem hat die Lösung:

$$\frac{1-p}{a^i} = X_2^i, \quad X_1^i = w^i - p\frac{1-p}{a^i}.$$

Markträumung bedeutet nun, dass:

$$\overline{M_2} = \sum_{i=1}^{I} \overline{X_2^i} = \sum_{i=1}^{I} \frac{1-p}{a^i}$$

$$\overline{M_2} = (1-p) \sum_{i=1}^{I} \frac{1}{a^i}$$

$$\overline{M_2} = (1-p) \frac{I}{a^i}$$

$$p = 1 - \frac{\overline{M_2}}{I} a^i$$

Der Preis ergibt sich aus dem Erwartungswert der Auszahlung von 1 abzüglich einer Art Risikoprämie $\frac{a^i}{I}\overline{M_2}$. Die Risikoprämie ist das Produkt aus durchschnittlicher Risikoaversion a^i und durchschnittlicher Erstausstattung pro Investor $\frac{\overline{M_2}}{I}$.

b) Dies ergibt sich unmittelbar aus der Gleichung.

- Wenn das Angebot $\overline{M_2}$ steigt, sinkt der Preis.

- Wenn die Anzahl I der Investorinnen (Nachfrage) steigt, dann steigt der Preis.

- Wenn die durchschnittliche Risikoaversion der Investorinnen steigt, sinkt der Preis (weil das Produkt unattraktiver wird).

Grenznutzen des Einkommens. Es wird üblicherweise angenommen, dass dieser positiv ist.

Aufgabe 4 a) Wir bestimmen zunächst die individuelle Nutzenmaximierung, wobei wir analog zum Skript bereits die Budgetrestriktion einsetzen.

$$\max_{X_2^i} \; -\frac{1}{2}e^{-a^i\left(w^i-pX_2^i\right)} - \frac{1}{2}e^{-a^i\left(w^i-pX_2^i+2X_2^i\right)}.$$

Wir setzen die erste Ableitung gleich 0 und stellen um:

$$\frac{ap}{2}e^{-a^i\left(w^i-pX_2^i\right)} = \frac{a^i(2-p)}{2}e^{-a^i\left(w^i-pX_2^i+2X_2^i\right)}.$$

Vereinfachen ergibt:

$$p = (2-p)e^{-a^i 2X_2^i}$$

Dies lässt sich umformen zu:

$$X_2^i = \frac{1}{2a^i}\ln\left(\frac{2-p}{p}\right)$$

Im Gleichgewicht müssen die Märkte räumen. Das heißt:

$$\overline{M_2} = \sum_{i=1}^{I}\overline{X_2^i} = \sum_{i=1}^{I}\frac{1}{2a^i}\ln\left(\frac{2-p}{p}\right)$$

$$\overline{M_2} = \ln\left(\frac{2-p}{p}\right)\sum_{i=1}^{I}\frac{1}{2a^i}$$

$$\overline{M_2} = \ln\left(\frac{2-p}{p}\right)\frac{I}{2a^i}$$

$$e^{2\frac{a^i}{I}\overline{M_2}} = \frac{2-p}{p}$$

$$p = \frac{2}{1+e^{2\frac{\overline{M_2}}{I}a^i}}$$

b) Wieder gelten die Erkenntnisse aus der vorigen Aufgabe.

Wir vergleichen die Ergebnisse der Aufgaben 1 und 2. Dazu definieren wir:

$$h = \frac{\overline{M_2}}{I}a^i$$

Der Preis im μ-σ-Modell ist $p = 1 - h$, der Preis im CARA-Modell ist $p = \frac{2}{1+e^{2h}}$. Nachfolgenden werden beide Preise als Funktion von h dargestellt.[9]

---

9. Für große h wird der Gleichgewichtspreis im μ-σ-Modell negativ. Dies geschieht im CARA-Modell nicht.

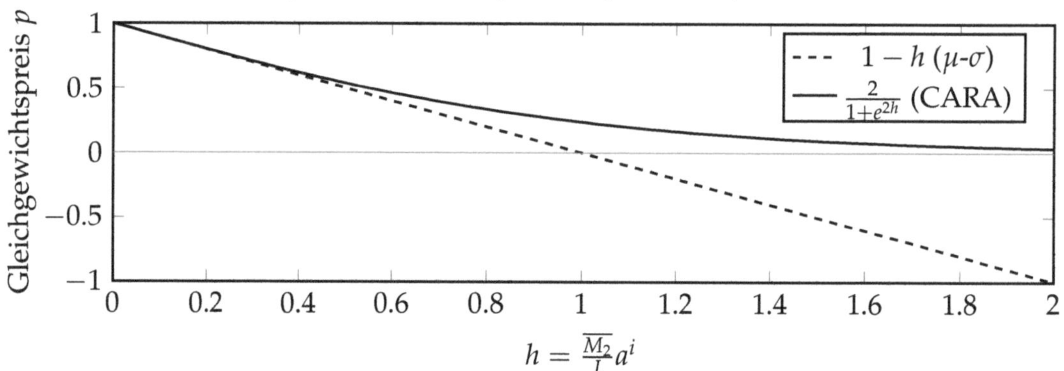

Freie Universität Berlin

Univ.–Prof. Dr. Dr. Andreas Löffler

LÖSUNGSSKIZZE ZUM AUFGABENSET 2

Aufgabe 1 Die folgende Änderung der Allokationen wirkt Pareto-verbessernd: Eine der beiden Investorinnen überträgt der anderen Investorin das von ihr gehaltene riskante Wertpapier:

- Die abgebende Investorin hatte vorher einen Nutzen von 0 und verschlechtert sich damit nicht.

- Die aufnehmende Investorin hatte vorher einen Nutzen von 0 und hat nun einen Nutzen von

$$\mathrm{E}[X] - \mathrm{Var}[X] = 2 - (1 + 1 - 0{,}5) > 0.$$

Aufgabe 2 Das Maximierungsproblem lautet:

$$\max_{X_1^1, X_2^1} \quad X_1^1 \mathrm{E}[Y^1] + X_2^1 \mathrm{E}[Y^2] - (X_2^1)^2 \mathrm{Var}[Y^2]$$

$$\text{s.t.} \quad 0 = X_1^1 + X_1^2$$

$$3 = X_2^1 + X_2^2$$

$$-\frac{7}{4} = X_1^2 \mathrm{E}[Y^1] + X_2^2 \mathrm{E}[Y^2] - (X_2^2)^2 \mathrm{Var}[Y^2]$$

Wir setzen die erste und zweite Nebenbedingung in die dritte ein und verwenden die Annahmen:

$$-\frac{7}{4} = -X_1^1\,E[Y^1] + (3 - X_2^1)\,E[Y^2] - (3 - X_2^1)^2\,Var[Y^2]$$

$$-\frac{7}{4} = -X_1^1 + (3 - X_2^1)3 - (3 - X_2^1)^2$$

$$X_1^1 = \frac{7}{4} + 9 - 3X_2^1 - 3^2 - (X_2^1)^2 + 6X_2^1$$

$$X_1^1 = \frac{7}{4} + 3X_2^1 - (X_2^1)^2$$

Dies setzen wir in die Zielfunktion ein und erhalten so ein unbeschränktes Maximierungsproblem:

$$\max_{X_2^1}\ \left(\frac{7}{4} + 3X_2^1 - (X_2^1)^2\right) E[Y^1] + X_2^1\,E[Y^2] - (X_2^1)^2\,Var[Y^2]$$

$$\max_{X_2^1}\ \frac{7}{4} + 3X_2^1 - (X_2^1)^2 + X_2^1 3 - (X_2^1)^2$$

$$\max_{X_2^1}\ 6X_2^1 - 2(X_2^1)^2$$

Leiten wir diese Funktion nach X_2^1 ab und setzen das Ergebnis gleich 0, so erhalten wir die Lösung $X_2^1 = \frac{3}{2}$. Die weiteren Werte lauten damit:

$$X_1^1 = \frac{7}{4} + 3X_2^1 - (X_2^1)^2 = 4, \qquad X_2^1 = \frac{3}{2}$$

$$X_1^2 = -X_1^1 = -4, \qquad X_2^2 = \frac{3}{2}$$

Die vorgeschlagene Allokation ist also tatsächlich Pareto-optimal.[10]

---

10. Man kann im übrigen zeigen, dass jede beliebige Kombination von X_1^1 und $X_1^2 = -X_1^1$ zu einer Pareto-optimalen Allokation führt.

LÖSUNGSSKIZZE ZUM AUFGABENSET 3

Aufgabe 1

Wenn m risikolos ist, dann ist es auch die Rendite r_m. Mithin ist $\beta = 0$. Also muss gelten: $E[r_X] = r_f$.

Aufgabe 2

a) Linearität folgt aus:

$$
\begin{aligned}
P(X+Y) &= 0{,}3(X_1+Y_1)+0{,}5(X_2+Y_2)+0{,}2(X_3+Y_3) \\
&= 0{,}3X_1+0{,}5X_2+0{,}2X_3+0{,}3Y_1+0{,}5Y_2+0{,}2Y_3 \\
&= P(X)+P(Y)
\end{aligned}
$$

Analog ist $P(aX) = aP(X)$ zu zeigen.

Monotonie folgt aus:

$$
P(X) = 0{,}3X_1 + 0{,}5X_2 + 0{,}2X_3 \geq 0.
$$

b) Wir setzen das risikolose Wertpapier in (4) ein und erhalten:

$$
\frac{1}{1+r_f} = P(\mathbf{1}) = 0{,}3 + 0{,}5 + 0{,}2
$$

Daraus folgt, dass $r_f = 0\%$.

c) Wir bezeichnen mit A_1 dasjenige Wertpapier, das genau im ersten Zustand eine Einheit auszahlt und sonst nichts. Dann gilt nach (4) im Skript

$$
\begin{aligned}
P(A_1) &= \frac{E_Q[A_1]}{1+r_f} \\
0{,}3 \cdot 1 &= \frac{q_1}{1+0\%} \\
0{,}3 &= q_1
\end{aligned}
$$

Die weiteren Wahrscheinlichkeiten sind analog zu bestimmen.

d) m ergibt sich aus den Quotienten der berechneten Q-Wahrscheinlichkeiten und den subjektiven Wahrscheinlichkeiten (jeweils $\frac{1}{3}$),

$$m_1 = \frac{0{,}3}{\frac{1}{3}} = 0{,}9, \qquad m_2 = \frac{0{,}5}{\frac{1}{3}} = 1{,}5, \qquad m_3 = \frac{0{,}2}{\frac{1}{3}} = 0{,}6.$$

e) In diesem Fall hat das Portfolio $X = (1,0,0) \geq 0$ den Preis $-0{,}3$. Damit bekommt man beim Kauf des Portfolios heute Geld, um morgen noch einmal Geld zu bekommen.

Aufgabe 3

a) Für m gilt

$$r_m = \frac{m}{P(m)} - 1 = \frac{1}{P(m)} \begin{pmatrix} m_1 \\ m_2 \\ m_3 \end{pmatrix} - 1 = \frac{1}{1{,}14} \begin{pmatrix} 0{,}9 \\ 1{,}5 \\ 0{,}6 \end{pmatrix} - 1 \approx \begin{pmatrix} -0{,}210 \\ 0{,}316 \\ -0{,}474 \end{pmatrix}$$

b) Hiermit folgt:

$$\mathrm{E}[r_m] \approx \frac{-0{,}210}{3} + \frac{0{,}316}{3} + \frac{-0{,}474}{3} = -0{,}123$$

Ebenso gilt:

$$\mathrm{Var}[r_m] = \mathrm{E}[r_m^2] - \mathrm{E}[r_m]^2$$
$$\approx \frac{(-0{,}210)^2}{3} + \frac{(0{,}316)^2}{3} + \frac{(-0{,}474)^2}{3} - (-0{,}123)^2 = 0{,}108$$

Aufgabe 4

a) Wir bilden in $m' = bm + c \cdot 1$ den Erwartungswert und erhalten

$$1 = b \cdot 1 + c \cdot 1$$

und das ist die Behauptung, oder $m' = (1 - c)m + c \cdot 1$.

Hinweis: Die Einschränkung $c > 0$ ist an keiner Stelle in die oben stehende Herleitung eingegangen. Es kann also sein, dass c negativ oder größer 1 wird. Nur $c = 1$ ist nicht möglich (siehe Aufgabe 1).

b) Die Rendite von $r_{m'}$ setzt sich zusammen aus dem gewichteten Durchschnitt der Rendite von m und dem risikolosen Asset,

$$r_{m'} + 1 = \frac{m'}{P(m')} = \frac{(1-c)m + c \cdot \mathbf{1}}{P(m')}$$

$$r_{m'} + 1 = \frac{(1-c)m}{P(m')} \frac{P(m)}{P(m)} + \frac{c \cdot \mathbf{1}}{P(m')} \frac{P(\mathbf{1})}{P(\mathbf{1})}$$

$$r_{m'} + 1 = \frac{m}{P(m)} \frac{(1-c)P(m)}{P(m')} + \frac{\mathbf{1}}{P(\mathbf{1})} \frac{cP(\mathbf{1})}{P(m')}$$

$$r_{m'} + 1 = (r_m + 1)\frac{(1-c)P(m)}{P(m')} + (r_f + 1)\frac{cP(\mathbf{1})}{P(m')}$$

$$r_{m'} = r_m \frac{(1-c)P(m)}{P(m')} + r_f \frac{cP(\mathbf{1})}{P(m')}$$

und weil $P(m') = (1-c)P(m) + cP(\mathbf{1})$ ist damit die Rendite von $r_{m'}$ das preisgewichtete Mittel der Renditen r_m und r_f.

c) Für die Differenz $\mathrm{E}[r_{m'} - r_f]$ gilt nun

$$\mathrm{E}[r_{m'} - r_f] = \mathrm{E}\left[r_m \frac{(1-c)P(m)}{P(m')} + r_f \frac{cP(\mathbf{1})}{P(m')} - r_f\right]$$

$$= \frac{(1-c)P(m)}{P(m')} \mathrm{E}\left[r_m - r_f\right]$$

und das war zu zeigen.

Hinweis: Wir hatten festgehalten, dass c negativ oder größer eins werden kann. Damit kann auch der Quotient $\frac{(1-c)P(m)}{P(m')}$ beliebig groß oder klein (auch negativ) werden, nur 0 ist nicht möglich (siehe Aufgabe 1).

d) Das "neue" Beta ergibt sich aus der Kovarianz $\mathrm{Cov}[r_X, r_{m'}]$. In deren Herleitung nutzen wir aus, dass das risikolose Wertpapier keinen Beitrag zur Kovarianz leistet:

$$\mathrm{Cov}[r_X, r'_m] = \mathrm{Cov}\left[r_X, r_m \frac{(1-c)P(m)}{P(m')} + r_f \frac{cP(\mathbf{1})}{P(m')}\right]$$

$$= \mathrm{Cov}\left[r_X, r_m \frac{(1-c)P(m)}{P(m')}\right]$$

$$= \frac{(1-c)P(m)}{P(m')} \mathrm{Cov}[r_X, r_m]$$

Das ergibt:

$$\frac{\mathrm{Cov}[r_X, r'_m]}{\mathrm{Var}[r'_m]} = \frac{\mathrm{Cov}\left[r_X, \frac{(1-c)P(m)}{P(m')}r_m\right]}{\mathrm{Cov}\left[\frac{(1-c)P(m)}{P(m')}r_m, \frac{(1-c)P(m)}{P(m')}r_m\right]}$$

$$= \frac{P(m')}{(1-c)P(m)}\beta_X$$

Hinweis: Nach dem Hinweis oben ändert sich das Beta, wenn c variiert wird. Das Beta kann dabei sehr groß oder sehr klein werden.

d) Es gilt:

$$\mathrm{E}[r_X] - r_f = (\mathrm{E}[r_{m'} - r_f])\beta'_X$$

$$= \frac{(1-c)P(m)}{P(m')}\,\mathrm{E}\left[r_m - r_f\right]\frac{P(m')}{(1-c)P(m)}\beta_X$$

$$= \mathrm{E}\left[r_m - r_f\right]\beta_X$$

Hinweis: In diesem Sinne sind das Beta und die Martrisikoprämie für beliebige c stets miteinander kompatibel, auch wenn die einzelnen Größen nahezu beliebige Werte annehmen können.

LÖSUNGSSKIZZE ZUM AUFGABENSET 4

Aufgabe 1

a) Die Eintrittswahrscheinlichkeit von Zustand s wird bezeichnet mit p_s. Der Rückfluss von Wertpapier Y^n in Zustand s wird bezeichnet mit $X_{n,s}$. Der erwartetet Rückfluss von Y^n ist gegeben durch:

$$E[X_n] = \sum_{s=1}^{S} p_s X_{n,s} \tag{7}$$

Die Varianz des erwarteten Rückflusses von X_n ist gegeben durch

$$\mathrm{Var}[X_n] = E[X_n^2] - E[X_n]^2$$
$$= \sum_{s=1}^{S} p_s X_{n,s}^2 - E[X_n]^2$$

Die Kovarianz der Rückflüsse zweier Wertpapiere Y^n und Y^m ist gegeben durch:

$$\mathrm{Cov}[X_n, X_m] = E[X_n X_m] - E[X_n]E[X_m]$$
$$= \sum_{s=1}^{S} p_s X_{n,s} X_{m,s} - E[X_n]E[X_m]$$

Die Rendite von Y^n in Zustand s wird berechnet mit:

$$r_{n,s} = \frac{X_{n,s}}{P(Y^n)} - 1 = \frac{X_{n,s} - P(Y^n)}{P(Y^n)}$$

Die erwartete Rendite von Y^n ist somit gegeben durch:

$$E[r_n] = \frac{E[X_n]}{P(Y^n)} - 1 = \frac{E[X_n] - P(Y^n)}{P(Y^n)}$$

Die Varianz der Rendite von Y^n ist gegeben durch:

$$\mathrm{Var}[r_n] = \mathrm{E}[r_n^2] - \mathrm{E}[r_n]^2 \tag{8}$$

$$= \mathrm{E}[(r_n - \mathrm{E}[r_n])^2] \tag{9}$$

$$= \mathrm{E}\left[\left(\frac{X_n - P(Y^n)}{P(Y^n)} - \frac{\mathrm{E}[X_n] - P(Y^n)}{P(Y^n)}\right)^2\right] \tag{10}$$

$$= \mathrm{E}\left[\left(\frac{X_n - \mathrm{E}[X_n]}{P(Y^n)}\right)^2\right] \tag{11}$$

$$= \frac{\mathrm{E}[(X_n - \mathrm{E}[X_n])^2]}{P(Y^n)^2} \tag{12}$$

$$= \frac{\mathrm{Var}[X_n]}{P(Y^n)^2} \tag{13}$$

Die Kovarianz der Renditen zweier Wertpapiere Y^n und Y^m ist gegeben durch:[11]

$$\mathrm{Cov}[r_n, r_m] = \mathrm{E}[r_n r_m] - \mathrm{E}[r_n]\mathrm{E}[r_m] \tag{14}$$

$$= \mathrm{E}[(r_n - \mathrm{E}[r_n])(r_m - \mathrm{E}[r_m])] \tag{15}$$

$$= \frac{\mathrm{Cov}[X_n, X_m]}{P(Y^n)P(Y^m)} \tag{16}$$

Mit diesen Formeln können wir die Erwartungswerte, Varianzen und Kovarianz der Rückflüsse und Renditen der in der Aufgabenstellung gegebenen Wertpapiere Y^2 und Y^3 berechnen:

$$\mathrm{E}[X_2] = 0{,}15 \cdot 102 + 0{,}25 \cdot 104 + 0{,}5 \cdot 106 + 0{,}1 \cdot 110 = 105{,}3$$

$$\mathrm{E}[r_2] = \frac{105{,}3 - 100}{100} = 0{,}053$$

$$\mathrm{Var}[X_2] = 0{,}15 \cdot 102^2 + 0{,}25 \cdot 104^2 + 0{,}5 \cdot 106^2 + 0{,}1 \cdot 110^2 - 105{,}3^2 = 4{,}51$$

$$\mathrm{Var}[r_2] = \frac{4{,}51}{100^2} = 0{,}000451$$

$$\mathrm{E}[X_3] = 0{,}15 \cdot 208 + 0{,}25 \cdot 212 + 0{,}5 \cdot 208 + 0{,}1 \cdot 204 = 208{,}6$$

$$\mathrm{E}[r_3] = \frac{208{,}6 - 200}{200} = 0{,}043$$

$$\mathrm{Var}[X_3] = 0{,}15 \cdot 208^2 + 0{,}25 \cdot 212^2 + 0{,}5 \cdot 208^2 + 0{,}1 \cdot 204^2 - 208{,}6^2 = 5{,}24$$

$$\mathrm{Var}[r_3] = \frac{5{,}24}{200^2} = 0{,}000131$$

11. Die Herleitung von (16) ist analog zur Herleitung von (13) und wird hier darum verkürzt dargestellt.

$$\mathrm{Cov}[X_2, X_3] = 0{,}15 \cdot 102 \cdot 208 + 0{,}25 \cdot 104 \cdot 212 + 0{,}5 \cdot 106 \cdot 208 + 0{,}1 \cdot 110 \cdot 204$$
$$- 105{,}3 \cdot 208{,}6 = -3{,}18$$
$$\mathrm{Cov}[r_2, r_3] = \frac{-3{,}18}{100 \cdot 200} = -0{,}000159$$

b) Wir bezeichnen einen Anzahl von Anteilen eines Wertpapiers Y^n mit x_n. Die Anzahl der insgesamt in einem Markt vorhandenen Anteile eines Wertpapiers Y^n bezeichnen wir mit $\bar{x}_n$. Wenn es an einem Markt mit Marktvolumen[12] V zwei Wertpapiere Y^n und Y^m gibt, dann ist die Marktstruktur (w_n, w_m) gegeben durch:

$$w_n = \frac{\bar{x}_n P(Y^n)}{V} \quad \Leftrightarrow \quad \bar{x}_n = w_n \frac{V}{P(Y^n)} \tag{17}$$

$$w_m = \frac{\bar{x}_m P(Y^m)}{V} \quad \Leftrightarrow \quad \bar{x}_m = w_m \frac{V}{P(Y^m)} \tag{18}$$

Es sind $w_2 = 0{,}3892$, $w_3 = 0{,}6107$ und $V = 16000$. Somit folgt mit (17) und (18) für die Wertpapiere Y^2 und Y^3:

$$\bar{x}_2 = 0{,}3892 \cdot \frac{16000}{100} = 62{,}272 \tag{19}$$

$$\bar{x}_3 = 0{,}6107 \cdot \frac{16000}{200} = 48{,}856 \tag{20}$$

c) Es gibt zwei Investorinnen A und B mit den μ-σ-Nutzenfunktionen U^A und U^B, sodass:

$$\frac{\partial U^A}{\partial \sigma^2} = 4 \frac{\partial U^B}{\partial \sigma^2} \tag{21}$$

$$\frac{\partial U^A}{\partial \mu} = \frac{\partial U^B}{\partial \mu} \tag{22}$$

Das Portfolio einer Investorin setzt sich stets aus dem Marktportfolio und dem risikolosen Wertpapier zusammen. Dies folgt aus Satz 4.4 ("Tobin-Separation im CAPM") im Skript. Hiermit können wir allgemeine Ausdrücke für den Erwartungswert und die Varianzen eines Portfolios X^i aus von einer Investorin i gehaltenen Anteilen x_1, x_2, x_3 der Wertpapiere Y^1, Y^2 und Y^3 formulieren.

Es bezeichne r_m die Rendite des Marktportfolios und r_f die Rendite des risikolosen Wertpapiers. Es sei zudem ω^i die Erstausstattung von Investorin i mit Geldeinheiten. Angenommen, Investorin i investiert κ^i Geldeinheiten

---

12. Das Marktvolumen ist der Gesamtwert aller am Markt gehandelten Wertpapiere.

in das Marktportfolio und $\omega^i - \kappa^i$ Geldeinheiten in das risikolose Wertpapier. Der erwartete Rückfluss des Portfolios X^i ist dann gegeben durch:

$$E[X^i] = (1 + r_f)(\omega^i - \kappa^i) + (1 + E[r_m])\kappa^i$$
$$= (1 + r_f)\omega^i + (E[r_m] - r_f)\kappa^i$$

Die Varianz des Rückfluss des Portfolios X^i ist zudem gegeben durch:

$$\text{Var}[X^i] = \text{Var}[(1 + r_f)(\omega^i - \kappa^i) + (1 + r_m)\kappa^i]$$
$$= \text{Var}[r_f(\omega^i - \kappa^i) + r_m\kappa^i]$$
$$= \text{Var}[r_f](\omega^i - \kappa^i)^2 + \text{Var}[r_m](\kappa^i)^2 + 2(\omega^i - \kappa^i)\kappa^i\text{Cov}[r_f, r_m]$$
$$= \text{Var}[r_m](\kappa^i)^2$$

Das Optimierungsproblem von Investorin i ist allgemein gegeben durch:

$$\max U^i(E[X^i], \text{Var}[X^i])$$

Die Bedingungen erster Ordnung sind gemäß der mehrdimensionalen Kettenregel:

$$\frac{\partial U^i}{\partial k^i} = \frac{\partial E[X^i]}{\partial \kappa^i} \cdot \frac{\partial U^i}{\partial E[X^i]} + \frac{\partial \text{Var}[X^i]}{\partial \kappa^i} \cdot \frac{\partial U^i}{\partial \text{Var}[X^i]} \tag{23}$$

$$= (E[r_m] - r_f) \cdot \frac{\partial U^i}{\partial E[X^i]} + 2\text{Var}[r_m]\kappa^i \cdot \frac{\partial U^i}{\partial \text{Var}[X^i]} = 0 \tag{24}$$

Aus (24) folgt nun für die beiden Investorinnen A und B:

$$(E[r_m] - r_f) \cdot \frac{\partial U^A}{\partial E[X^A]} = -2\text{Var}[r_m]\kappa^A \cdot \frac{\partial U^A}{\partial \text{Var}[X^A]} \tag{25}$$

$$(E[r_m] - r_f) \cdot \frac{\partial U^B}{\partial E[X^B]} = -2\text{Var}[r_m]\kappa^B \cdot \frac{\partial U^B}{\partial \text{Var}[X^B]} \tag{26}$$

Dividieren wir (25) mit (26), so erhalten wir:

$$\frac{\dfrac{\partial U^A}{\partial E[X^A]}}{\dfrac{\partial U^B}{\partial E[X^B]}} = \frac{\kappa^A}{\kappa^B} \cdot \frac{\dfrac{\partial U^A}{\partial \text{Var}[X^A]}}{\dfrac{\partial U^B}{\partial \text{Var}[X^B]}} \tag{27}$$

Aus (27) folgt mit (22) und (21):

$$1 = 4\frac{\kappa^A}{\kappa^B} \quad \Leftrightarrow \quad \kappa^B = 4\kappa^A \tag{28}$$

Investorin B investiert also viermal soviel in das Marktportfolio wie Investorin A. Das folgt direkt aus den Gleichungen (21) und (22) und ist auch intuitiv einleuchtend: Wenn das Vorzeichen der partiellen Ableitung von U^i bezüglich der Varianz negativ ist, dann besagt (21), dass Investorin B viermal so risikofreudig ist, wie Investorin A. Doch wenn B viermal risikofreudiger ist als A, dann investiert B viermal so viel in das riskante Marktportfolio.

Es sei x_n^i die Menge, die Investorin i in Wertpapier Y^n investiert. Mit (28) gilt also $4x_n^A = x_n^B$ für alle n. Im Gleichgewicht gilt nun mit (19) und (20):

$$x_2^A + x_2^B = x_2^A + 4x_2^A = 5x_2^A = 62{,}28$$
$$\Leftrightarrow x_2^A = 12{,}46, \quad x_2^B = 49{,}83$$
$$x_3^A + x_3^B = x_3^A + 4x_3^A = 5x_3^A = 48{,}86$$
$$\Leftrightarrow x_3^A = 9{,}77, \quad x_3^B = 39{,}09$$

Aufgabe 2

Wir bezeichnen die Rendite des Wertpapiers mit r_y. Wir verwenden die aus der Vorlesung bekannte Gleichung der Wertpapiermarktlinie:

$$\frac{\mathrm{E}[X]}{P(Y)} - 1 = \mathrm{E}[r_y] = r_f + \beta_x(\mathrm{E}[r_m] - r_f), \quad \text{wobei:}$$

$$\begin{aligned}
\beta_x &= \frac{\mathrm{Cov}[r_y, r_m]}{\mathrm{Var}[r_m]} \\
&= \frac{\mathrm{Cov}\left[\dfrac{X}{P(Y)} - 1, r_m\right]}{\mathrm{Var}[r_m]} \\
&= \frac{1}{P(Y)} \frac{\mathrm{Cov}[Y, r_m] - \mathrm{Cov}[1, r_m]}{\mathrm{Var}[r_m]} \\
&= \frac{\mathrm{Cov}[X, r_m]}{\mathrm{Var}[r_m]P(Y)}
\end{aligned}$$

Es gilt also:

$$\mathrm{E}[r_y] = r_f + (\mathrm{E}[r_m] - r_f)\frac{\mathrm{Cov}[X, r_m]}{\mathrm{Var}[r_m]P(Y)}$$

Mit den aus Aufgabe 1 bekannten Formeln können wir die unbekannten Werte berechnen:

$$E[X] = 0{,}5(100 + 200) = 150$$
$$E[r_m] = 0{,}115 = 0{,}5 \cdot r_{m,1} + 0{,}5 \cdot 0{,}08 \quad \Leftrightarrow \quad r_{m,1} = 0{,}15$$
$$\mathrm{Cov}[X, r_m] = 0{,}5 \cdot 100 \cdot 0{,}15 + 0{,}5 \cdot 200 \cdot 0{,}08 - 150 \cdot 0{,}115 = -1{,}75$$
$$\mathrm{Var}[r_m] = 0{,}5 \cdot 0{,}15^2 + 0{,}5 \cdot 0{,}08^2 - 0{,}115^2 = 0{,}001225$$

Durch Einsetzen in (29) erhalten wir:

$$\frac{E[X]}{P(Y)} - 1 = 0{,}1 + (0{,}115 - 0{,}1)\frac{-1{,}75}{0{,}001225 \cdot P(Y)} \tag{29}$$
$$\Leftrightarrow 150 - P(Y) = 0{,}1 \cdot P(X) - 21{,}4286 \tag{30}$$
$$\Leftrightarrow P(Y) = 155{,}845 \tag{31}$$

Aufgabe 3

a) Die Erwartungswerte der Rückflüsse von Y^2 und Y^3 sind:

$$E[X_2] = 2, \quad E[X_3] = 1$$

Wir betrachten ein Portfolio X mit α Anteilen von Y^2 und $1 - \alpha$ Anteilen von Y^3. Der Erwartungswert des Portfolios in Abhängigkeit von α ist gegeben durch:

$$E[X] = \alpha E[X_2] + (1 - \alpha)E[X_3] \tag{32}$$
$$= 2\alpha + (1 - \alpha) \tag{33}$$
$$= 1 + \alpha \tag{34}$$

Die Kovarianzmatrix der Rückflüsse von Y^2 und Y^3 ist:

$$\mathrm{Cov} = \begin{pmatrix} 0{,}5 & 0{,}1 \\ 0{,}1 & 0{,}7 \end{pmatrix}$$

Die Varianzen und Kovarianz der Rückflüsse von Y^2 und Y^3 sind also:

$$\mathrm{Var}[X_2] = 0{,}5, \quad \mathrm{Var}[X_3] = 0{,}7, \quad \mathrm{Cov}(X_2, X_3) = 0{,}1$$

Die Varianz des Portfolios X ist gegeben durch:

$$\text{Var}[X] = \alpha^2 \text{Var}[X_2] + (1-\alpha)^2 \text{Var}[X_3] + 2\alpha(1-\alpha)\text{Cov}[X_2, X_3] \qquad (35)$$

$$= 0{,}5\alpha^2 + 0{,}7(1-\alpha)^2 + 0{,}2\alpha(1-\alpha) \qquad (36)$$

$$= \alpha^2 - 1{,}2\alpha + 0{,}7 \qquad (37)$$

Die Standardabweichung des Portfolios in Abhängigkeit von α ist gegeben durch die Wurzel der Varianz des Portfolios:

$$\text{SD}[X] = \sqrt{\text{Var}[X]} \qquad (38)$$

$$= \sqrt{\alpha^2 - 1{,}2\alpha + 0{,}7} \qquad (39)$$

Mit (39) berechnen wir einige Werte für $\alpha \in [0, 1]$:

α	$1-\alpha$	$E[X]$	$SD[X]$
0,0	1,0	1,0	0,83666
0,1	0,9	1,1	0,76811
0,2	0,8	1,2	0,70710
0,3	0,7	1,3	0,65574
0,4	0,6	1,4	0,61644
0,5	0,5	1,5	0,59160
0,6	0,4	1,6	0,58309
0,7	0,3	1,7	0,59160
0,8	0,2	1,8	0,61644
0,9	0,1	1,9	0,65574
1,0	0,0	2,0	0,70710

Diese Werte können wir in einem μ-σ-**Diagramm** darstellen:

Diagramm 1

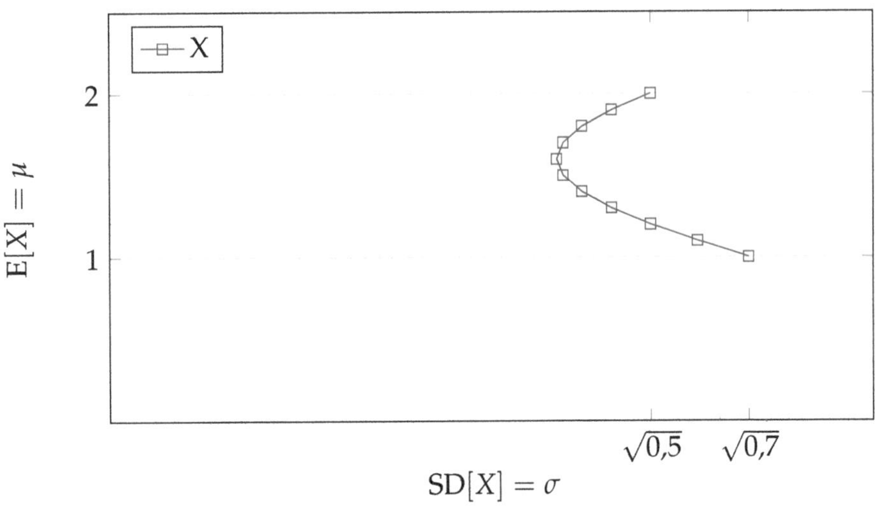

Diagramm 1 veranschaulicht den Zusammenhang zwischen $E[X]$ und $SD[X]$: Durch eine Kombination der Wertpapiere Y^2 und Y^2 lässt sich das Risiko des Portfolios minimieren bzw. das Verhältnis von Renditeerwartung zu Risiko optimieren.

b) Das neue Portfolio X' setzt sich zusammen aus einem Anteil β des risikolosen Titels X_1 und einem Anteil $1-\beta$ des riskanten Portfolios X aus Aufgabe 3a. Der Erwartungswert und die Varianz der Rückflüsse von Y^1 sind:

$$E[X_1] = 1, \quad \text{Var}[X_1] = 0$$

Der Erwartungswert des Portfolios X' ist gegeben durch:

$$E[X'] = \beta E[X_1] + (1 - \beta)E[X] \tag{40}$$
$$= \beta + (1 - \beta)(1 + \alpha) \tag{41}$$
$$= 1 + \alpha(1 - \beta) \tag{42}$$

Die Varianz des Portfolios X' ist gegeben durch:

$$\text{Var}[X'] = \beta^2 \text{Var}[X_1] + (1 - \beta)^2 \text{Var}[X] + 2\beta(1 - \beta)\text{Cov}[X_1, X] \tag{43}$$

Da $E[X_1] = 1$ konstant ist, gilt:

$$\text{Cov}[X_1, X] = E[X_1 X] - E[X_1]E[X] \tag{44}$$
$$= E[X_1]E[X] - E[X_1]E[X] = 0 \tag{45}$$

Damit vereinfach sich (43) zu:

$$\text{Var}[X'] = (1 - \beta)^2 \text{Var}[X] \tag{46}$$

Die Standardabweichung des Portfolios X' ist folglich:

$$SD[X'] = \sqrt{(1 - \beta)^2 \text{Var}[X]} \tag{47}$$
$$= (1 - \beta)SD[X] \tag{48}$$
$$= (1 - \beta)\sqrt{\alpha^2 - 1{,}2\alpha + 0{,}7} \tag{49}$$

Jede Kombination von α und β ergibt Werte für $E[X']$ und $SD[X']$. Fixieren wir ein konkretes α und variieren $\beta \in [0, 1]$, so erhalten wir jeweils eine Gerade zwischen den Punkten

$$(0, 1), \quad (SD[X'], \alpha + 1).$$

Jeder Punkt auf dieser Geraden stellt eine Variante von X' mit unterschiedlicher Gewichtung von Y^1 und X dar.

Wir nutzen die Gleichungen (42) und (49), um $E[X']$ und $SD[X']$ für $\alpha = 0$ und $\alpha = 1$ für einige $\beta \in [0, 1]$ auszurechnen:

Tabelle 2

β	$E[X']$, $(\alpha = 0)$	$SD[X']$, $(\alpha = 0)$	$E[X']$, $(\alpha = 1)$	$SD[X']$, $(\alpha = 1)$
0,0	1,0	0,8367	2,0	0,7071
0,1	1,0	0,7530	1,9	0,6364
0,2	1,0	0,6694	1,8	0,5657
0,3	1,0	0,5857	1,7	0,4950
0,4	1,0	0,5020	1,6	0,4243
0,5	1,0	0,4184	1,5	0,3536
0,6	1,0	0,3347	1,4	0,2828
0,7	1,0	0,2510	1,3	0,2121
0,8	1,0	0,1673	1,2	0,1414
0,9	1,0	0,0837	1,1	0,0707
1,0	1,0	0,0000	1,0	0,0000

Hiermit können wir Diagramm 1 wie folgt ergänzen:

Diagramm 2

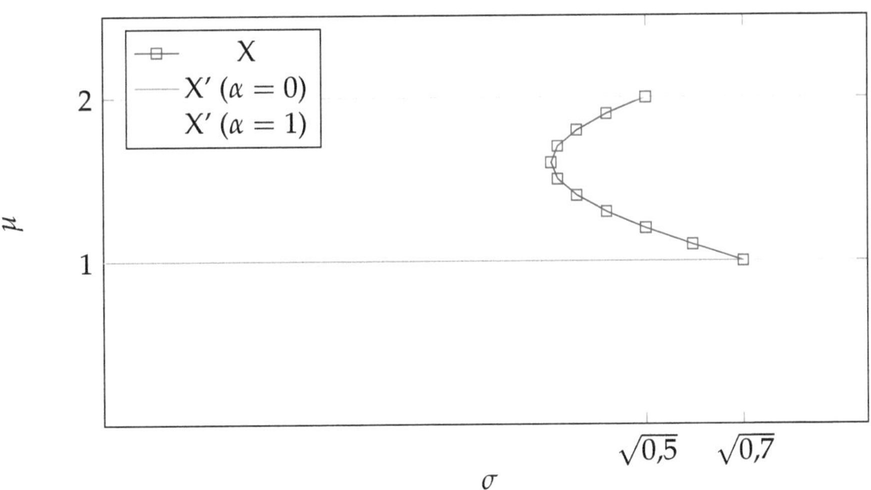

c) Um diese Frage zu beantworten, müssen wir überprüfen, ob ein $\alpha \in [0,1]$ existiert, sodass:

$$\frac{E[X]}{SD[X]} < \frac{1}{\sqrt{0{,}4}} \approx 1{,}58 \tag{50}$$

Wir berechnen die linke Seite von Gleichung (50) für die Werte in der Tabelle 1:

Tabelle 3

α	$E[X]/SD[X]$
0,0	1,19523
0,1	1,43209
0,2	1,69707
0,3	1,98249
0,4	2,27111
0,5	2,53550
0,6	2,74400
0,7	2,87356
0,8	2,91999
0,9	2,89749
1,0	2,82845

Ein Portfolio mit $\mu = 1$ und $\sigma^2 = 0{,}4$ ist zwar nicht attraktiver als jede Kombination von Y^2 und Y^3. Offensichtlich gilt (50) jedoch etwa für $\alpha = 0{,}1$ und $\alpha = 0$.

LÖSUNGSSKIZZE ZUM AUFGABENSET 5

Aufgabe 1

Es sind gegeben:

$$E[r_m] = 0,12$$
$$E[r_2] = 0,112$$
$$SD[r_m] = 0,15$$
$$Cov[r_m, r_2] = 0,018$$
$$Cov[r_m, r_3] = 0,045$$

a) Es gilt:

$$E[r_2] = r_f + \beta_2(E[r_m] - r_f), \quad \text{wobei:}$$

$$\beta_2 = \frac{Cov[r_2, r_m]}{Var[r_m]} = \frac{0,018}{0,15^2} = 0,8$$

Es ist also:

$$0,112 = r_f + 0,8(0,12 - r_f)$$
$$\Leftrightarrow 0,112 = r_f + 0,096 - 0,8r_f$$
$$\Leftrightarrow 0,112 - 0,096 = (1 - 0,8)r_f$$
$$\Leftrightarrow r_f = \frac{0,016}{0,2} = 0,08$$

b) Es gilt:

$$E[r_3] = r_f + \beta_3(E[r_m] - r_f), \quad \text{wobei:}$$

$$\beta_3 = \frac{Cov[r_2, r_m]}{Var[r_m]} = \frac{0,045}{0,15^2} = 2$$

Hieraus folgt:

$$E[r_3] = 0{,}08 + 2(0{,}12 - 0{,}08) = 0{,}16$$

Aufgabe 2

a) Es bezeichne $P(Y^n)$ den Preis und $\overline{X}_n$ die Anzahl der am Markt gehandelten Anteile eines Wertpapiers Y^n. Das Volumen des aus N Wertpapieren bestehenden Marktportfolios M ist gegeben durch:

$$V(M) = \sum_{n=1}^{N} P(Y^n)\overline{X}_n \tag{51}$$

Die Marktgewichtung w_n eines Wertpapiers Y^n ist gegeben durch:

$$w_n = \frac{P(Y^n)\overline{X}_n}{V(M)} \tag{52}$$

Wir betrachten ein Marktportfolio M bestehend aus 5 riskanten Wertpapieren $Y^2, \dots, Y^6$. Die Marktkapitalisierung von M ist mit (51) und den in der Aufgabenstellung gegebenen Werten:

$$P(M) = \sum_{n=2}^{6} P(Y^n)\overline{x}_n$$
$$= 160 + 120 + 80 + 80 + 60 = 500$$

Die Marktgewichtungen der einzelnen Wertpapiere sind mit (52):

$$w_2 = \frac{160}{500} = 0{,}32 \tag{53}$$

$$w_3 = 0{,}24 \tag{54}$$

$$w_4 = 0{,}16 \tag{55}$$

$$w_5 = 0{,}16 \tag{56}$$

$$w_6 = 0{,}12 \tag{57}$$

Den fehlenden Wert β_4 können wir noch nicht bestimmen. Hierzu müssen wir zunächst Aufgabenteil *b)* lösen.

b) Für jedes Wertpapier Y^n ist:

$$\beta_n = \frac{\mathrm{Cov}[r_n, r_m]}{\mathrm{Var}[r_m]}$$

Folglich gilt:

$$\sum_{n=2}^{6} w_n \beta_n = \sum_{n=2}^{6} w_n \frac{\text{Cov}[r_n, r_m]}{\text{Var}[r_m]} \tag{58}$$

$$= \frac{1}{\text{Var}[r_m]} \sum_{n=2}^{6} w_n \text{Cov}[r_n, r_m] \tag{59}$$

$$= \frac{1}{\text{Var}[r_m]} \sum_{n=2}^{6} w_n \left(\text{E}[r_n r_m] - \text{E}[r_n]\text{E}[r_m] \right) \tag{60}$$

$$= \frac{1}{\text{Var}[r_m]} \left(\sum_{n=2}^{6} w_n \text{E}[r_n r_m] - \sum_{n=2}^{6} w_n \text{E}[r_n]\text{E}[r_m] \right) \tag{61}$$

$$= \frac{1}{\text{Var}[r_m]} \left(\text{E}[r_m r_m] - \text{E}[r_m]\text{E}[r_m] \right) \tag{62}$$

$$= \frac{\text{Cov}[r_m, r_m]}{\text{Var}[r_m]} \tag{63}$$

$$= \beta_m = 1 \tag{64}$$

In Schritt (61) $\to$ (62) nutzen wir folgende Identität, die immer dann gilt, wenn $\sum_{n=1}^{N} w_n = 1$.

$$\sum_{n=1}^{N} w_n \text{E}[r_n] = \text{E}[r_m]$$

Nun können wir den aus $a)$ ausstehenden Wert β_4 berechnen. Mit (64) und (53–57) haben wir:

$$\sum_{n=2}^{6} w_n \beta_n = \beta_m = 1$$

$$\Leftrightarrow 0{,}32 \cdot 0{,}5 + 0{,}24 \cdot 2 + 0{,}16 \cdot \beta_4 + 0{,}16 \cdot 1 + 0{,}12 \cdot 3 = 1$$

$$\Leftrightarrow \beta_4 = -1$$

$c)$ Für jedes Wertpapier Y^n gilt:

$$\text{E}[r_n] = r_f + \beta_n (\text{E}[r_m] - r_f) \tag{65}$$

Mit den in der Aufgabenstellung gegebenen und in $a)$ und $b)$ berechneten Werten lassen sich mit (65) wie folgt die erwarteten Renditen des Marktportfolios M und der Wertpapiere $Y^2, \ldots, Y^6$ berechnen.

Die erwartete Rendite des Marktportfolios ist:

$$E[r_m] = \sum_{s=1}^{5} p_s r_{m,s}$$
$$= 0{,}1 \cdot 0{,}07 + 0{,}2 \cdot 0{,}09 + 0{,}4 \cdot 0{,}11 + 0{,}2 \cdot 0{,}13 + 0{,}1 \cdot 0{,}15$$
$$= 0{,}11$$

Die erwarteten Renditen der Wertpapiere $Y^2, \ldots, Y^6$ sind somit:

$$E[r_2] = 0{,}06 + 0{,}5(0{,}11 - 0{,}06) = 0{,}085$$
$$E[r_3] = 0{,}16$$
$$E[r_4] = 0{,}01$$
$$E[r_5] = 0{,}11$$
$$E[r_6] = 0{,}21$$

Aufgabe 3

Der Preis $P(E)$ einer Sachinvestition E entspricht in einem Markt ohne Arbitragemöglichkeiten dem Barwert (Present Value; PV) der erwarteten Rückflüsse aus dieser Investition. Dieser Barwert ergibt sich aus der Summe der auf den gegenwärtigen Zeitpunkt $t = 0$ diskontierten, zu den zukünftigen Zeitpunkten $t = 1, \ldots, T$ erwarteten Rückflüsse der Investition. Der relevante Diskontierungssatz ist gleich der erwarteten Rendite der Investition.[13]

Es sei X_t der Rückfluss von E zum Zeitpunkt t. Es gilt:

$$P(E) = \sum_{t=1}^{T} \frac{E[X_t]}{(1 + E[r_e])^t}, \quad \text{wobei:} \tag{66}$$

$$E[r_e] = r_f + \beta_e(E[r_m] - r_f) \tag{67}$$

In Aufgabe 3 betrachten wir nur einen einzigen Rückflusszeitpunkt in drei verschiedenen Zuständen. Gleichung (66) vereinfacht sich somit zu:

$$P(E) = \text{PV}(X) = \frac{E[X]}{1 + E[r_e]} = \frac{E[X]}{1 + r_f + \beta_x(E[r_m] - r_f)} \tag{68}$$

$$\Leftrightarrow \frac{E[X]}{P(E)} - 1 = r_f + \beta_x(r_m - r_f) \tag{69}$$

---

13. Diese erwartete Rendite stellt die Opportunitätskosten des eingesetzten Kapitals dar, also den Ertrag, der bei einer alternativen Anlage des Kapitals in ein Investment mit gleichem Risiko erzielt werden könnte.

Es gilt:

$$\beta_e = \frac{\text{Cov}[r_e, r_m]}{\text{Var}[r_m]} \tag{70}$$

$$= \frac{\text{Cov}\left[\dfrac{X}{P(E)} - 1, r_m\right]}{\text{Var}[r_m]} \tag{71}$$

$$= \frac{\text{Cov}\left[\dfrac{X}{P(E)}, r_m\right]}{\text{Var}[r_m]} \tag{72}$$

$$= \frac{\dfrac{1}{P(E)}\text{Cov}[X, r_m]}{\text{Var}[r_m]} \tag{73}$$

$$= \frac{\text{Cov}[X, r_m]}{P(E)\text{Var}[r_m]} \tag{74}$$

Mit (69) und (74) folgt:

$$\frac{E[X]}{P(E)} - 1 = r_f + \frac{\text{Cov}[X, r_m]}{P(E)\text{Var}[r_m]}(E[r_m] - r_f) \tag{75}$$

Zur Bestimmung von $P(E)$ müssen wir die unbekannten Werte in (75) berechnen.

Die Erwartungswerte der Rückflüsse der Investition und der Renditen der am Markt gehandelten Wertpapiere sind:

$$E[X] = 0{,}6 \cdot 125 + 0{,}3 \cdot 122 + 0{,}1 \cdot 118 = 123{,}4 \tag{76}$$

$$E[r_2] = \frac{0{,}6 \cdot 105 + 0{,}3 \cdot 120 + 0{,}1 \cdot 110}{100} - 1 = 0{,}1 \tag{77}$$

$$E[r_3] = \frac{0{,}6 \cdot 130 + 0{,}3 \cdot 100 + 0{,}1 \cdot 105}{100} - 1 = 0{,}185 \tag{78}$$

Da $w_2 = \frac{2}{3}$ und $w_2 = \frac{1}{3}$, gilt zudem:

$$E[r_m] = \frac{2}{3} \cdot E[r_2] + \frac{1}{3} \cdot E[r_3] = 0{,}128 \tag{79}$$

Die Varianzen und Kovarianz von r_2 und r_3 erhalten wir wie folgt:

$$\text{Var}[r_2] = \frac{0{,}6 \cdot (105 - 100)^2 + 0{,}3 \cdot (120 - 100)^2 + 0{,}1 \cdot (110 - 100)^2}{100^2} \tag{80}$$
$$- 0{,}1^2$$
$$= 0{,}0045 \tag{81}$$

$$\text{Var}[r_3] = \frac{0{,}6 \cdot (130 - 100)^2) + 0{,}3 \cdot (100 - 100)^2 + 0{,}1 \cdot (105 - 100)^2}{100^2} \tag{82}$$
$$- 0{,}185^2$$
$$= 0{,}02 \tag{83}$$

$$\text{Cov}[r_2, r_3] = \frac{0{,}6 \cdot (105 - 100) \cdot (130 - 100)}{100^2}$$
$$+ \frac{0{,}3 \cdot (120 - 100) \cdot (100 - 100)}{100^2} \tag{84}$$
$$+ \frac{0{,}1 \cdot (110 - 100) \cdot (105 - 100)}{100^2}$$
$$- 0{,}1 \cdot 0{,}185$$
$$= -0{,}009 \tag{85}$$

Mit (81–85) können wir die Varianz des Marktportfolios bestimmen:

$$\text{Var}[r_m] = \left(\frac{2}{3}\right)^2 \cdot 0{,}0045 + \left(\frac{1}{3}\right)^2 \cdot 0{,}02 + 2 \cdot \frac{2}{3} \cdot \frac{1}{3}(-0{,}009) = 0{,}0002 \tag{86}$$

Die zustandsabhängigen Renditen des Marktportfolios sind mit $w_2 = \frac{2}{3}$ und $w_2 = \frac{1}{3}$ gegeben durch:

$$r_{m,1} = \frac{2}{3} \cdot \frac{105 - 100}{100} + \frac{1}{3} \cdot \frac{130 - 100}{100} = 0{,}1333 \tag{87}$$
$$r_{m,2} = \frac{2}{3} \cdot \frac{120 - 100}{100} + \frac{1}{3} \cdot \frac{100 - 100}{100} = 0{,}1333 \tag{88}$$
$$r_{m,3} = \frac{2}{3} \cdot \frac{110 - 100}{100} + \frac{1}{3} \cdot \frac{105 - 100}{100} = 0{,}0833 \tag{89}$$

Die Kovarianz der Rückflüsse der Investition und der Rendite des Marktportfolios können wir nun mit (76), (79) und (87–89) wie folgt berechnen:

$$\text{Cov}[X, r_m] = \text{E}[Xr_m] - \text{E}[X]\text{E}[r_m] \tag{90}$$

$$\begin{aligned}
&= 0{,}6 \cdot 125 \cdot 0{,}1333 + 0{,}3 \cdot 122 \cdot 0{,}1333 \\
&+ 0{,}1 \cdot 118 \cdot 0{,}0833 - 123{,}4 \cdot 0{,}128
\end{aligned} \tag{91}$$

$$= 0{,}064 \tag{92}$$

Durch Einsetzen von $r_f = 0{,}1$, (79), (86) und (92) in (75) erhalten wir schließlich:

$$\frac{\text{E}[X]}{P(E)} - 1 = 0{,}1 + \frac{0{,}064}{P(E) \cdot 0{,}0002}(0{,}128 - 0{,}1) \tag{93}$$

$$\Leftrightarrow P(E) = 104{,}036 \tag{94}$$

LÖSUNGSSKIZZE ZUM AUFGABENSET 6

Aufgabe 1 Wir bezeichnen die von Investorin i in Zustand s konsumierte Menge des Gutes mit C_s^i und ihre zustandsspezifische Erstausstattung mit $(\overline{C}_1^i, \overline{C}_2^i)$.

a) Die Lagrange-Funktion des Optimierungsproblems für eine Gruppe i lautet:

$$\mathcal{L}^i = p\ln(C_1^i) + (1-p)\ln(C_2^i) - \lambda(P(1)C_1^i + P(2)C_2^i - P(1)\overline{C}_1^i - P(2)\overline{C}_2^i)$$

Die Optimalitätskriterien erster Ordnung sind somit:

$$\frac{\partial \mathcal{L}}{\partial C_1^i} = \frac{p}{C_1^i} - \lambda P(1) = 0 \tag{95}$$

$$\frac{\partial \mathcal{L}}{\partial C_2^i} = \frac{1-p}{C_2^i} - \lambda P(2) = 0 \tag{96}$$

$$\frac{\partial \mathcal{L}}{\partial \lambda} = P(1)\overline{C}_1^i + P(2)\overline{C}_2^i - P(1)C_1^i - P(2)C_2^i = 0 \tag{97}$$

Wir stellen zunächst (95) nach X_1^i um:

$$\frac{p}{C_1^i} - \lambda P(1) = 0 \tag{98}$$

$$\Leftrightarrow C_1^i = \frac{p}{\lambda P(1)} \tag{99}$$

Ebenso stellen wir (96) nach X_2^i um:

$$\frac{1-p}{C_2^i} - \lambda P(2) = 0 \tag{100}$$

$$\Leftrightarrow C_2^i = \frac{1-p}{\lambda P(2)} \tag{101}$$

Die Ausdrücke für C_1^i und C_2^i setzen wir nun in (97) ein:

$$P(1)\overline{C}_1^i + P(2)\overline{C}_2^i = P(1)C_1^i + P(2)C_2^i \tag{102}$$

$$\Leftrightarrow P(1)\overline{C}_1^i + P(2)\overline{C}_2^i = \frac{p + (1-p)}{\lambda} \tag{103}$$

$$\Leftrightarrow \lambda = \frac{1}{P(1)\overline{C}_1^i + P(2)\overline{C}_2^i} \tag{104}$$

Setzen wir diesen Ausdruck für λ wiederum in (95) und (96) ein, erhalten wir folgende allgemeine Lösungen für X_1^i und X_2^i:

$$C_1^i = \frac{p(P(1)\overline{C}_1^i + P(2)\overline{C}_2^i)}{P(1)} \tag{105}$$

$$C_2^i = \frac{(1-p)(P(1)\overline{C}_1^i + P(2)\overline{C}_2^i)}{P(2)} \tag{106}$$

Durch Einsetzen der Erstausstattungen $(10,0)$ und $(0,10)$ der Gruppen 1 und 2 erhalten wir nun die speziellen Lösungen wie folgt: Mit (105) und (106) gilt:

$$C_1^1 = \frac{p(P(1) \cdot 10 + P(2) \cdot 0)}{P(1)} = 10p$$

$$C_2^2 = \frac{(1-p)(P(2) \cdot 10)}{P(2)} = 10(1-p)$$

Laut Gleichgewichtsbedingung gilt zudem:

$$C_1^1 + C_1^2 = \overline{C}_1^1 + \overline{C}_1^2$$
$$\Leftrightarrow C_1^1 + x_1^2 = 10 + 0$$
$$\Leftrightarrow C_1^2 = 10 - 10p$$
$$\Leftrightarrow C_1^2 = 10(1-p)$$

Analog erhalten wir $C_2^1 = 10p$.

b) Mit Gleichungen (95) und (96) haben wir:

$$P(1) = \frac{p}{\lambda C_1^i}$$
$$P(2) = \frac{(1-p)}{\lambda C_2^i}$$

Mit $C_1^1 = C_2^1 = 10p$ erhalten wir hiermit:

$$\frac{P(1)}{P(2)} = \frac{p}{1-p}$$

Aufgabe 2 a) Das Optimierungsproblem der Investorin i kann wie folgt formuliert werden:

$$\max E[U(C^i(s))] \quad \text{sodass} \quad \sum_{s=1}^{S} P(s)C^i(s) = \sum_{s=1}^{S} P(s)\overline{C}^i(s)$$

Die Lagrange-Funktion der Investorin i lautet somit:

$$\mathcal{L}^i = E[U(C^i(s))] - \lambda^i \left(\sum_{s=1}^{S} P(s)C^i(s) - P(s)\overline{C}^i(s) \right)$$

Die Optimalitätsbedingungen der Investorin i sind folglich für jeden Zustand s:

$$\frac{\delta \mathcal{L}^i}{\delta C^i(s)} = \frac{\delta E[U(C^i(s))]}{\delta C^i(s)} - \lambda^i P(s)$$

Wir treffen die Annahme der Zustandsseparation. Die Präferenzen einer Investorin sind demnach über die verschiedenen Zustände hinweg stabil. Damit vereinfacht sich das Optimierungsproblem für jede Investorin i zu:

$$\max \sum_{s=1}^{2} p_s U(C^i(s)) \quad \text{sodass} \quad \sum_{s=1}^{2} P(s)C^i(s) = \sum_{s=1}^{2} P(s)\overline{C}^i(s)$$

Die Lagrange-Funktion für jede Investorin i lautet somit:

$$\mathcal{L}^i = \sum_{s=1}^{2} p_s U(C^i(s)) - \lambda^i \left(\sum_{s=1}^{2} P(s)C^i(s) - \sum_{s=1}^{2} P(s)\overline{C}^i(s) \right)$$

Die Optimalitätsbedingungen für jede Investorin i und jeden Zustand s sind folglich:

$$\frac{\partial \mathcal{L}^i}{\partial C^i(s)} = p_s U'(C^i(s)) - \lambda^i P(s) = 0 \quad \Leftrightarrow \quad p_s \frac{1}{C^i(s)} = \lambda^i P(s) \tag{107}$$

$$\frac{\partial \mathcal{L}^i}{\partial \lambda^i} = \sum_{s=1}^{2} P(s)\overline{C}^i(s) - \sum_{s=1}^{2} P(s)C^i(s) = 0 \tag{108}$$

b) Durch Einsetzen für s in (107) erhalten wir:

$$\frac{1}{4}\frac{1}{C^i(1)} = \lambda^i P(1) \tag{109}$$

$$\frac{3}{4}\frac{1}{C^i(2)} = \lambda^i P(2) \tag{110}$$

Teilen wir (109) durch (110) so erhalten wir:

$$C^i(2)P(2) = 3C^i(1)P(1) \tag{111}$$

Für Investorin A folgt aus (108) und (111):

$$C^A(1)P(1) + 3C^A(1)P(1) = 8P(1) + 2P(2) \tag{112}$$

$$\Leftrightarrow C^A(1) = 2 + \frac{1}{2}\frac{P(2)}{P(1)} \tag{113}$$

Für Investorin B folgt aus (108) und (111):

$$C^B(1)P(1) + 3C^B(1)P(1) = 4P(1) + 6P(2) \tag{114}$$

$$\Leftrightarrow C^B(1) = 1 + \frac{3}{2}\frac{P(1)}{P(2)} \tag{115}$$

Für Zustand 2 gehen wir analog vor.

Für Investorin A folgt aus (108) und (111):

$$\frac{1}{3}C^A(2)P(2) + C^A(2)P(2) = 8P(1) + 2P(2) \tag{116}$$

$$\Leftrightarrow C^A(2) = 6\frac{P(1)}{P(2)} + \frac{3}{2} \tag{117}$$

Für Investorin B folgt aus (108) und (111):

$$\frac{1}{3}C^B(2)P(2) + C^B(2)P(2) = 4P(1) + 6P(2) \tag{118}$$

$$\Leftrightarrow C^B(2) = 3\frac{P(1)}{P(2)} + \frac{9}{2} \tag{119}$$

Aus der Gleichgewichtsbedingung für den Zustand 1 und den Gleichungen (113) und (115) folgt zudem:

$$C^A(1) + C^B(1) = \overline{C}^A(1) + \overline{C}^B(1) \tag{120}$$

$$\Leftrightarrow 2 + \frac{1}{2}\frac{P(2)}{P(1)} + 1 + \frac{3}{2}\frac{P(2)}{P(1)} = 8 + 4 \tag{121}$$

$$\Leftrightarrow \frac{P(2)}{P(1)} = \frac{9}{2} \tag{122}$$

Durch Einsetzen von (122) in die Gleichungen (113), (115), (117) und (119) erhalten wir die folgenden Ergebnisse:

$$C^A(1) = \frac{17}{4}$$

$$C^A(2) = \frac{17}{6}$$

$$C^B(1) = \frac{31}{4}$$

$$C^B(2) = \frac{31}{6}$$

Aufgabe 3 a) Das Optimierungsproblem der Investorin i ist diesmal:

$$\max E[U(C_0^i, C_1^i(s))] \quad \text{sodass} \quad P(0)C_0^i + \sum_{s=1}^{S} P(s)C_1^i(s) = P(0)\overline{C}_0^i + \sum_{s=1}^{S} P(s)\overline{C}_1^i(s)$$

Die Lagrange-Funktion der Investorin i lautet somit:

$$\mathcal{L}^i = E[U(C_0^i, C_1^i(s)] - \lambda^i \left(P(0)C_0^i + \sum_{s=1}^{S} P(s)C_1^i(s) - P(0)\overline{C}_0^i + \sum_{s=1}^{S} P(s)\overline{C}_1^i(s) \right)$$

Die Optimalitätsbedingung der Investorin i für jeden Zustand s ist folglich:

$$\frac{\delta \mathcal{L}}{\delta C_1^i(s)} = \frac{\delta E[U(C_0^i, C_1^i)]}{\delta C_1^i(s)} - \lambda^i P(s) = 0$$

Wir treffen die Annahme der Zeit- und Zustandsseparation. Die Präferenzen einer Investorin sind demnach über die verschiedenen Zeitpunkte und Zustände hinweg stabil. Damit vereinfacht sich das Optimierungsproblem für jede Investorin i wie folgt:

$$\max U(C_0^i) + \sum_{s=1}^{S} p_s U(C_1^i(s)) \quad \text{sodass}$$

$$P(0)C_0^i + \sum_{s=1}^{S} P(s)C_1^i(s) = P(0)\overline{C}_0^i + \sum_{s=1}^{S} P(s)\overline{C}_1^i(s)$$

Die Lagrange-Funktion für jede Investorin i lautet somit:

$$\mathcal{L}^i = U(C_0^i) + \sum_{s=1}^{S} p_s U(C_1^i(s))$$

$$- \lambda^i \left(P(0)C_0^i + \sum_{s=1}^{S} P(s)C_1^i(s) - P(0)\overline{C}_0^i - \sum_{s=1}^{S} P(s)\overline{C}_1^i(s) \right)$$

Die Optimalitätsbedingungen für jede Investorin i sind folglich:

$$\frac{\delta \mathcal{L}^i}{\delta C_1^i(s)} = p_s U'(C_1^i(s)) - \lambda^i P(s) = 0 \quad \Leftrightarrow \quad p_s \frac{1}{C_1^i(s)} = \lambda^i P(s) \tag{123}$$

$$\frac{\delta \mathcal{L}^i}{\delta C_0^i} = U'(C_0^i) - \lambda^i P(0) = 0 \quad \Leftrightarrow \quad U'(C_0^i) = \lambda^i \tag{124}$$

$$\frac{\delta \mathcal{L}^i}{\delta \lambda^i} = C_0^i + \sum_{s=1}^{S} P(s)C_1^i(s) - \overline{C}_0^i - \sum_{s=1}^{S} P(s)\overline{C}_1^i(s) = 0 \tag{125}$$

Die rechte Seite der Äquivalenz (124) folgt daraus, dass $P(0) = 1$ ist.

b) Durch Einsetzen für s in (123) und (124) erhalten wir:

$$\frac{1}{C_0^i} = \lambda^i \tag{126}$$

$$\frac{1}{4}\frac{1}{C_1^i(1)} = \lambda^i P(1) \tag{127}$$

$$\frac{3}{4}\frac{1}{C_1^i(2)} = \lambda^i P(2) \tag{128}$$

Durch Einsetzen von (126) in (127) und (128) sowie Teilen von (127) durch (128) erhalten wir:

$$C_0^i = 4P(1)C_1^i(1) \tag{129}$$

$$C_0^i = \frac{4}{3}P(2)C_1^i(2) \tag{130}$$

$$P(2)C_1^i(2) = 3P(1)C_1^i(1) \tag{131}$$

Der Markträumungsbedingung zufolge gilt:

$$C_0^A + C_0^B = \overline{C}_0^A + \overline{C}_0^B \tag{132}$$

Durch Einsetzen von (129) bzw. (130) in (132) erhalten wir sodann:

$$P(1) = \frac{5}{24} \tag{133}$$

$$P(2) = \frac{15}{16} \tag{134}$$

Einsetzen für A und B in (125) ergibt:

$$C_0^A + C_1^A(1)P(1) + C_1^A(2)P(2) = 5 + 8P(1) + 2P(2) \tag{135}$$

$$C_0^B + C_1^B(1)P(1) + C_1^B(2)P(2) = 5 + 4P(1) + 6P(2) \tag{136}$$

Mit (129)–(131) und (133)–(136) erhalten wir schließlich:

$$C_0^A = \frac{205}{48} \tag{137}$$

$$C_1^A(1) = \frac{246}{48} \tag{138}$$

$$C_1^A(2) = \frac{164}{48} \tag{139}$$

$$C_0^B = \frac{275}{48} \tag{140}$$

$$C_1^B(1) = \frac{330}{48} \tag{141}$$

$$C_1^B(2) = \frac{220}{48} \tag{142}$$

c) Die *Grenzrate der Substitution* (marginal rate of substitution; MRS) einer Investorin mit Nutzenfunktion U bezüglich X und Y zeigt an, wieviele Einheiten von X die Investorin bereit ist, für eine Einheit von Y aufzugeben. Sie ist allgemein definiert durch:

$$\text{MRS}(U, X, Y) = \frac{U'(X)}{U'(Y)}$$

Die intertemporale MRS der Investorin i bezüglich Zustand s ist gegeben durch:

$$m^i(s) = \frac{U'(C_1^i(s))}{U'(C_0^i)} \tag{143}$$

Für Investorin A erhalten wir mit (143):

$$m^A(1) = \frac{U'(C_1^A(1))}{U'(C_0^A)} = \frac{48}{246} \Big/ \frac{48}{205} = \frac{5}{6} \tag{144}$$

$$m^A(2) = \frac{U'(C_1^A(2))}{U'(C_0^A)} = \frac{48}{164} \Big/ \frac{48}{205} = \frac{5}{4} \tag{145}$$

Mithilfe der MRS können wie folgt Preise für die Zustände 1 und 2 berechnet werden:[14]

$$P(s) = E[m^i(s)D_{P(s)}(s)] = \sum_{s=1}^{S} p_s m^i(s)D_{P(s)}(s),\qquad (146)$$

wobei

$$D_{P(1)}(1) = 1, \quad D_{P(1)}(2) = 0$$
$$D_{P(2)}(1) = 0, \quad D_{P(2)}(2) = 1$$

Damit erhalten wir die folgenden Werte für $P(1)$ und $P(2)$:

$$P(1) = p_1 m^A(1) \cdot 1 + p_2 m^A(2) \cdot 0 = \frac{1}{4} \cdot \frac{5}{6} = \frac{5}{24} \qquad (147)$$
$$P(2) = p_1 m^A(1) \cdot 0 + p_2 m^A(2) \cdot 1 = \frac{3}{4} \cdot \frac{5}{4} = \frac{15}{16} \qquad (148)$$

Diese Werte stimmen mit den zuvor berechneten Werten (133) und (134) überein.

d) Die Nutzenniveaus der Investorin i vor und nach dem Handel sind gegeben durch:

$$U(\overline{C}_0^i) + \sum_{s=1}^{S} p_s U(\overline{C}_1^i(s)) \quad \text{bzw.} \quad U(C_0^i) + \sum_{s=1}^{S} p_s U(C_1^i(s)) \qquad (149)$$

Durch Einsetzen der Erstausstattungen bzw. der Werte (137)–(139) in (149) erhalten wir:

$$\ln \frac{205}{48} + \frac{1}{4} \ln \frac{246}{48} + \frac{3}{4} \ln \frac{164}{48} \approx 2{,}78$$
$$> \ln 5 + \frac{1}{4} \ln 8 + \frac{3}{4} \ln 2 \approx 2{,}65$$

Für Konsumentin B verfahren wir analog durch Einsetzen von (140)–(142) in (149):

$$\ln \frac{275}{48} + \frac{1}{4} \ln \frac{330}{48} + \frac{3}{4} \ln \frac{220}{48} \approx 3{,}37$$
$$> \ln 5 + \frac{1}{4} \ln 4 + \frac{3}{4} \ln 6 \approx 3{,}29$$

Die Nutzenniveaus beider Investorinnen, A und B, sind also nach dem

---

14. Mit (146) wird der Preis des Konsums in möglichen zukünftigen Zuständen berechnet. Hierbei beachten wir jeweils nur den Konsum desjenigen Zustands s, für den wir $P(s)$ berechnen wollen. Hierzu wird die Funktion $D_{P(s)}(s)$ verwendet, die genau dann 1 ist, wenn s dem Zustand entspricht, für den $P(s)$ berechnet werden soll und anderenfalls 0. $D_{P(s)}$ verhält sich somit wie der Rückfluss eines sogenannten *Arrow-Debreu Wertpapiers*.

Handel höher als vor dem Handel.

LÖSUNGSSKIZZE ZUM AUFGABENSET 7

Aufgabe 1

Die Budgetbeschränkung der informierten Investorinnen ist:

$$s_1^i P_1(S) + b_1^i P_1(B) = 10 P_1(S) + 0 P_1(B) \tag{150}$$

$$\Leftrightarrow b_1^i = P_1(S)(10 - s_1^i) \tag{151}$$

Die von den informierten Investorinnen zum Zeitpunkt 2 erwarteten Rückflüsse sind:

$$\mathrm{E}[X_2^i] = s_1^i \mathrm{E}[S_2] + b_1^i \mathrm{E}[B_2] = s_1^i(1 + \omega_1 + 0) + b_1^i \tag{152}$$

Die Varianz der von den informierten Investorinnen zum Zeitpunkt 2 erwarteten Rückflüsse ist:

$$\mathrm{Var}[X_2^i] = (s_1^i)^2 \mathrm{Var}[S_2] + (b_1^i)^2 \mathrm{Var}[B_2] + 2 s_1^i b_1^i \mathrm{Cov}[S_2, B_2] \tag{153}$$

$$= (s_1^i)^2 \mathrm{Var}[S_2] \tag{154}$$

Das Optimierungsproblem der informierten Investorinnen ist:

$$\max \left[\mathrm{E}[X_2^i] - \mathrm{Var}[X_2^i] \right] \tag{155}$$

Dies können wir mit (151), (152) und (154) wie folgt umformulieren:

$$\max \left[s_1^i(1 + \omega_1) + P_1(S)(10 - s_1^i) - (s_1^i)^2 \mathrm{Var}[S_2] \right] \tag{156}$$

Die Bedingung der ersten Ordnung lautet:

$$\frac{\partial V^i}{\partial s_1^i} = 1 + \omega_1 - P_1(S) - 2 s_1^i \mathrm{Var}[S_2] = 0 \tag{157}$$

$$\Leftrightarrow s_1^i = \frac{1 + \omega_1 - P_1(S)}{2 \mathrm{Var}[S_2]} \tag{158}$$

Die Budgetbeschränkung der uninformierten Investorinnen ist:

$$s_1^u P_1(S) + b_1^u P_1(B) = 1 P_1(S) + 0 P_1(B) \tag{159}$$

$$\Leftrightarrow b_1^u = P_1(S)(1 - s_1^u) \tag{160}$$

Die von den uninformierten Investorinnen zum Zeitpunkt 2 erwarteten Rückflüsse sind:

$$\mathrm{E}[X_2^u] = s_1^u \mathrm{E}[S_2] + b_1^u \mathrm{E}[B_2] = s_1(1 + 0 + 0)^u + b_1^u \tag{161}$$

Die Varianz der von den uninformierten Investorinnen zum Zeitpunkt 2 erwarteten Rückflüsse ist:

$$\mathrm{Var}[X_2^u] = (s_1^u)^2 \mathrm{Var}[S_2] + (b_1^u)^2 \mathrm{Var}[B_2] + 2 s_1^u b_1^u \mathrm{Cov}[S_2, B_2] \tag{162}$$

$$= (s_1^u)^2 \mathrm{Var}[S_2] \tag{163}$$

Das Optimierungsproblem der uninformierten Investorinnen ist:

$$\max \left[\mathrm{E}[X_2^u] - 4\mathrm{Var}[X_2^u] \right] \tag{164}$$

Dies können wir mit (160), (161) und (163) wie folgt umformulieren:

$$\max \left[s_1^u(1 + \omega_1) + P_1(S)(1 - s_1^u) - 4(s_1^u)^2 \mathrm{Var}[S_2] \right] \tag{165}$$

Die Bedingung der ersten Ordnung lautet:

$$\frac{\partial V^u}{\partial s_1^u} = 1 - P_1(S) - 16 s_1^u \mathrm{Var}[S_2] = 0 \tag{166}$$

$$\Leftrightarrow s_1^u = \frac{1 - P_1(S)}{8\mathrm{Var}[S_2]} \tag{167}$$

Die Gleichgewichtsbedingung lautet:

$$3 s_1^i + 7 s_1^u = 3 \bar{s}_1^i + 7 \bar{s}_1^u \tag{168}$$

$$\Leftrightarrow 3 \frac{1 + \omega_1 - P_1(S)}{2\mathrm{Var}[S_2]} + 7 \frac{1 - P_1(S)}{8\mathrm{Var}[S_2]} = 3 \cdot 10 + 7 \cdot 1 \tag{169}$$

Multiplizieren wir beide Seiten von (169) mit $8\mathrm{Var}[S_2]$, so erhalten wir:

$$\frac{24\mathrm{Var}[S_2](1+\omega_1-P_1(S))}{2\mathrm{Var}[S_2]}+\frac{56\mathrm{Var}[S_2](1-P_1(S))}{8\mathrm{Var}[S_2]}=296\mathrm{Var}[S_2] \tag{170}$$

$$\Leftrightarrow 12(1+\omega_1-P_1(S))+7(1-P_1(S))=296\mathrm{Var}[S_2] \tag{171}$$

$$\Leftrightarrow 19+12\omega_1-19P_1(S)=296\mathrm{Var}[S_2] \tag{172}$$

$$\Leftrightarrow P_1(S)=\frac{19+12\omega_1-296\mathrm{Var}[S_2]}{19} \tag{173}$$

Aus (158), (167) und (173) folgt schließlich:

$$s_1^i=\frac{1+\omega_1-\dfrac{19+12\omega_1-296\mathrm{Var}[S_2]}{19}}{2\mathrm{Var}[S_2]} \tag{174}$$

$$=\frac{7\omega_1+296\mathrm{Var}[S_2]}{38\mathrm{Var}[S_2]} \tag{175}$$

und

$$s_1^u=\frac{1-\dfrac{19+12\omega_1-296\mathrm{Var}[S_2]}{19}}{8\mathrm{Var}[S_2]} \tag{176}$$

$$=\frac{-12\omega_1+296\mathrm{Var}[S_2]}{152\mathrm{Var}[S_2]} \tag{177}$$

Aufgabe 2

Die Budgetbeschränkung der informierten Investorin ist:

$$s_1^i P_1(S)+b_1^i P_1(B)=10P_1(S)+0P_1(B) \tag{178}$$

$$\Leftrightarrow b_1^i=P_1(S)(10-s_1^i) \tag{179}$$

Der von der informierten Investorin zum Zeitpunkt 2 erwartete Rückfluss ist:

$$\mathrm{E}[X_2^i]=s_1^i\mathrm{E}[S_2]+b_1^i\mathrm{E}[B_2] \tag{180}$$

$$=s_1^i(1+\omega_1+\mathrm{E}[\omega_2])+b_1^i\cdot 1 \tag{181}$$

$$=s_1^i(1+\omega_1+2)+b_1^i \tag{182}$$

Die Varianz des von der informierten Investorin zum Zeitpunkt 2 erwarteten Rückflusses ist:

$$\mathrm{Var}[X_2^i]=(s_1^i)^2\mathrm{Var}[S_2]+(b_1^i)^2\mathrm{Var}[B_2]+2s_1^i b_1^i\mathrm{Cov}[S_2,B_2] \tag{183}$$

$$=(s_1^i)^2\mathrm{Var}[S_2] \tag{184}$$

Das Optimierungsproblem der informierten Investorin ist:

$$\max \left[E[X_2^i] - 4\mathrm{Var}[X_2^i] \right] \tag{185}$$

Dies können wir mit (179), (182) und (184) wie folgt umformulieren:

$$\max \left[s_1^i(1 + \omega_1 + 2) + P_1(S)(10 - s_1^i) - 4(s_1^i)^2 \mathrm{Var}[S_2] \right] \tag{186}$$

Die Bedingung der ersten Ordnung lautet:

$$\frac{\partial V^i}{\partial s_1^i} = 3 + \omega_1 - P_1(S) - 8 s_1^i \mathrm{Var}[S_2] = 0 \tag{187}$$

$$\Leftrightarrow s_1^i = \frac{3 + \omega_1 - P_1(S)}{8\mathrm{Var}[S_2]} \tag{188}$$

Die Budgetbeschränkung der uninformierten Investorin ist:

$$s_1^u P_1(S) + b_1^u P_1(B) = 1 P_1(S) + 0 P_1(B) \tag{189}$$

$$\Leftrightarrow b_1^u = P_1(S)(1 - s_1^u) \tag{190}$$

Der von der uninformierten Investorin zum Zeitpunkt 2 erwartete Rückfluss ist:

$$E[X_2^u] = s_1^u E[S_2] + b_1^u E[B_2] \tag{191}$$

$$= s_1^u(1 + E[\omega_1] + E[\omega_2]) + b_1^u \cdot 1 \tag{192}$$

$$= s_1^u(1 + 2 + 2) + b_1^u \tag{193}$$

Die Varianz des von der uninformierten Investorin zum Zeitpunkt 2 erwarteten
Rückflusses ist:

$$\mathrm{Var}[X_2^u] = (s_1^u)^2 \mathrm{Var}[S_2] + (b_1^u)^2 \mathrm{Var}[B_2] + 2 s_1^u b_1^u \mathrm{Cov}[S_2, B_2] \tag{194}$$

$$= (s_1^u)^2 \mathrm{Var}[S_2] \tag{195}$$

Das Optimierungsproblem der uninformierten Investorin ist:

$$\max \left[E[X_2^u] - \mathrm{Var}[X_2^u] \right] \tag{196}$$

Dies können wir mit (190), (193) und (195) wie folgt umformulieren:

$$\max \left[5 s_1^u + P_1(S)(1 - s_1^u) - (s_1^u)^2 \mathrm{Var}[S_2] \right] \tag{197}$$

Die Bedingung der ersten Ordnung lautet:

$$\frac{\partial V^u}{\partial s_1^u} = 5 - P_1(S) - 2s_1^u \text{Var}[S_2] = 0 \tag{198}$$

$$\Leftrightarrow s_1^u = \frac{5 - P_1(S)}{2\text{Var}[S_2]} \tag{199}$$

Die Gleichgewichtsbedingung lautet:

$$s_1^i + s_1^u = \bar{s}_1^i + \bar{s}_1^u \tag{200}$$

$$\Leftrightarrow \frac{3 + \omega_1 - P_1(S)}{8\text{Var}[S_2]} + \frac{5 - P_1(S)}{2\text{Var}[S_2]} = 10 + 1 \tag{201}$$

$$\Leftrightarrow 3 + \omega_1 - P_1(S) + 20 - 4P_1(S) = 88\text{Var}[S_2] \tag{202}$$

$$\Leftrightarrow P_1(S) = \frac{23 + \omega_1 - 88\text{Var}[S_2]}{5} \tag{203}$$

Aus (188), (199) und (203) folgt:

$$s_1^i = \frac{3 + \omega_1 - \dfrac{23 + \omega_1 - 88\text{Var}[S_2]}{5}}{8\text{Var}[S_2]} \tag{204}$$

$$= \frac{22\text{Var}[S_2] + \omega_1 - 2}{10\text{Var}[S_2]} \tag{205}$$

und

$$s_1^u = \frac{5 - \dfrac{23 + \omega_1 - 88\text{Var}[S_2]}{5}}{2\text{Var}[S_2]} \tag{206}$$

$$= \frac{88\text{Var}[S_2] - \omega_1 + 2}{10\text{Var}[S_2]} \tag{207}$$